CAMBODGE
POUR UN SOURIRE D'ENFANT

France de Lagarde

CAMBODGE
POUR UN SOURIRE D'ENFANT

L'aventure de Christian et Marie-France des Pallières, de leurs collaborateurs et de leurs 4000 enfants

préface de Bertrand Tavernier

récit

nouvelle cité

Composition : Jean-Marie Wallet
Couverture : Jean-Pierre Pitrel

Illustrations de couverture :
p. 1 : Christian et Marie-France des Pallières au milieu des jeunes de « Pour un Sourire d'Enfant ». En médaillon : une enfant chiffonnière.
p. 4 : France de Lagarde, auteur du livre, avec un groupe de danseuses de PSE.
© photos « Pour un Sourire d'Enfant ».

Cahier-photos : mise en page Hassine Benchohra. © photos « Pour un Sourire d'Enfant », sauf photos 2 et 24 : © Thomas Goisque.

37, avenue de la Marne – 92120 Montrouge
ISBN 2-85313-477-6

PRÉFACE

La première rencontre de France de Lagarde, son premier contact avec ce « décor noirâtre d'un film d'horreur », ce « plateau d'une absolue désolation après une éruption d'apocalypse » qu'est Stung Mean Chey, la grande décharge de Phnom Penh, est une vision de cauchemar nocturne. Un « chaos fétide » où s'allume étrangement « la lueur spectrale de minces projecteurs, éclairant ça et là des créatures aux allures d'épouvantail… ».

Ce ballet de fantômes, essayant d'arracher à cette mer d'immondices de quoi survivre à la lueur des phares des camions bennes et de quelques pauvres ampoules, fut filmé par Patrice Leconte dans *Dogora.*

Nous, c'est-à-dire ma fille Tiffany, Dominique Sampiero et moi-même, c'est en plein jour que nous avons franchi, en 2002, ces portes de l'enfer, que nous avons découvert cette gigantesque décharge, que nous avons pris en pleine gueule ce spectacle terrifiant, cette abominable odeur, sans parler des milliers de mouches excitées par la chaleur humide, accablante. La lumière très crue du soleil mettait en valeur les détails les plus sordides.

Cela faisait quelques jours que nous étions à Phnom Penh en train de nous documenter pour écrire le scénario de *Holy Lola.* Un couple d'adoptants d'Annecy avait voulu nous faire découvrir Stung Mean Chey et, son antidote, Pour un Sourire d'Enfant. Une bénévole de PSE nous avait d'ailleurs accompagnés lors de cette première expédition. Nous avions traversé toute la décharge et elle nous avait emmenés vers le premier centre de soins créé par Christian et Marie-France des Pallières, le premier réfectoire de fortune où l'on servait, tôt le matin, un petit-déjeuner cambodgien aux enfants. Dans une des versions du scénario de *Holy Lola* nous avions écrit « des déjeuners chauds » et Christian des Pallières avait corrigé : « Chauds, pas toujours ».

C'était là qu'avait démarré la prodigieuse et exemplaire aventure de PSE.

Une aventure qui semble inséparable du Cambodge et symbolique de ce qui se passe dans ce pays, pour le pire comme pour le meilleur.

Au Cambodge en effet, l'horreur, l'inacceptable semble côtoyer plus intimement qu'ailleurs tout ce qui peut vous redonner confiance en l'homme. Le saccage provoqué par les mines antipersonnel a suscité l'engagement des médecins de Handicap International; à l'état de santé déplorable de dizaines de milliers d'enfants indigents a répondu le dévouement de docteurs, de chirurgiens qui ont créé des hôpitaux gratuits, d'ONG qui se battent contre le sida ou pour sauver des gamins des pièges de la prostitution et des trafics sexuels. Des adoptants français ont fondé une association *Cambodge Enfants Adoption,* pour améliorer de façon importante l'orphelinat d'où provenaient les enfants adoptés.

Je n'oublierai jamais mon premier contact avec Christian des Pallières. Tout en nous montrant les salles de classe, en nous faisant constater le degré d'attention des élèves, il fulminait contre le comportement de professeurs et de surveillants des centres d'examens, qui avaient vendu les réponses aux sujets du bac afin d'arrondir leur très maigre salaire (30 dollars par mois). Je le voyais appeler le ministère pour se plaindre de ce comportement, ajoutant qu'il essayait d'enseigner une certaine rigueur morale et que tout cela était mis à mal dès le premier examen.

On était au milieu de la matinée. Quand nous le revîmes, vers la fin de l'après midi, il était plus détendu : « Les épreuves se sont bien mieux passées. Il n'y a pas eu de problème. » Son éclat semblait avoir porté ses fruits.

Quand on revint, l'année suivante, pour préparer le tournage, il exultait : « Cette année, sur toutes les classes de l'établissement, une seule a subi un racket similaire. Et encore, comme trop peu d'élèves ont payé, les surveillants, furieux de gagner si peu d'argent, n'ont donné que la moitié des réponses. »

Encore une petite victoire pour PSE. Certains esprits chagrins diront que c'est peu de chose. Je leur répondrai par un de ces faux proverbes chinois que prononçait à tire-larigot Charlie Chan : « Petite taupinière souvent plus remarquable qu'énorme montagne. »

En lisant ce livre, en me rappelant mes visites à PSE, mes retours sur la décharge, je voudrais revenir sur un terme que j'ai utilisé pour définir l'action de PSE : exemplaire. Tout, en effet, dans cette histoire, me semble exemplaire et cela jusque dans les erreurs et les tâtonnements.

Exemplaire de pragmatisme. On constate une horreur, une injustice et l'on tente de la réparer concrètement, sur le terrain : les enfants marchent pieds nus sur un terrain rempli de bouts de verre, de débris coupants, on leur achète des bottes. Les parents vendent ces bottes, on trouve une autre parade. On décide de soigner les blessures des enfants pour s'apercevoir qu'ils sont en état de malnutrition. On crée donc des petits-déjeuners. Un engrenage pragmatique sans discours théorique. On met un pied devant l'autre et l'on avance.

À chaque étape, la vision s'élargit. Des soins du corps, on passe à ceux de l'esprit. « Apprendre, c'est aimer », disait un de mes amis, le cinéaste Delmer Daves. Retournons le propos : « Éduquer, c'est aimer ».

Cette histoire de bottes a donc abouti à une école, un lieu où des enfants illettrés rattrapent deux années en une. Un lieu où peuvent se réfugier les victimes des violences domestiques (Christian me disait que plus d'enfants meurent de ces violences que de malnutrition), des trafics sexuels.

Cette école a débouché sur des centres de formation pour l'hôtellerie, la cuisine, la coiffure, la couture. Nous avons d'ailleurs engagé sur *Holy Lola* un jeune de la décharge comme assistant coiffeur.

Comme quoi l'enfer peut susciter, comme l'écrivait Dante, « la violence de l'ardent amour et du vif espoir ». Et la voix de Bernanos en écho : « Je ne crois qu'en l'espoir. »

Bertrand TAVERNIER

PROPOS D'AVANT

– On peut compter sur vous mardi, n'est-ce pas?

Encore une « soirée de bienfaisance » incontournable… Je connais : diapositives floues, intervenants sentimentaux et/ou culpabilisants, discours d'un tiers-mondisme sommaire. Et puis franchement, ce nom : « Pour un Sourire d'Enfant » (on dit d'ailleurs plutôt PSE), c'est gentil, mais cela évoque plus les dames en rose qui distribuent des sucreries à l'hôpital qu'une organisation humanitaire sérieuse!

Je n'irai pas.

Enfin, pas longtemps.

Juste le temps de dire bonsoir à Renaud, l'organisateur; depuis son retour du Cambodge, il ne salue plus que les mains jointes devant le menton, à la khmère, paraît-il. Et, avec un délicieux sourire, il insiste généreusement pour « partager son expérience » avec tous les gens du quartier…

Au bout de la rangée de chaises, côté sortie, je distingue mal l'orateur mais sa première phrase est tout à fait étonnante pour qui s'attend à un appel aux dons larmoyant. « Le Cambodge, dit-il, est un pays magnifique. »

Et puis des jeunes filles belles comme l'aurore dansent. Et puis l'écran s'éclaire…

Pourquoi n'avais-je emporté ni portefeuille, ni stylo, ni chéquier ? Pourquoi les petites danseuses ne m'ont-elles pas distribué le même papier qu'aux autres (voir page 183) ? Pourquoi ai-je rencontré Renaud le lendemain matin, après une nuit agitée ?

– Renaud, où peut-on acheter le livre ?

– ???

– Le livre sur PSE.

– Il n'y en a pas.

– Quoi ! Ne me dites pas que Christian et Marie-France des Pallières ne savent pas écrire : ils ont publié il y a vingt ans un excellent récit de leur voyage jusqu'en Inde avec leurs quatre enfants. Mais ce qu'ils ont fait depuis est encore plus intéressant. Croyez-moi, je suis journaliste, c'est une histoire formidable. Et puis, c'est important pour le Cambodge de garder trace de ce qui se fait de positif dans un pays qui a une image sinistrée. Il y a aussi tous les retraités français qui ont besoin de savoir qu'à 60 ans on peut démarrer une aventure pareille. Plein de gens à informer. Pourquoi Christian et Marie-France ne font-ils pas un livre pour les dix ans de PSE ?

– Ils en auraient envie mais ils n'ont pas le temps.

Pas le temps ? Et ce fut la phrase fatidique…

Voici le livre. Vous auriez préféré, et moi aussi, que les

héros en soient aussi les auteurs. Leur confiance et leur collaboration m'ont été précieuses. J'espère donc que vous trouverez ce petit ouvrage aussi intéressant à lire que moi à le faire. Bien entendu, tous les droits iront à PSE. Comme on dit là-bas : « C'est pour les enfants. »

France de Lagarde
Phnom Penh, novembre 2004, Paris, février 2005

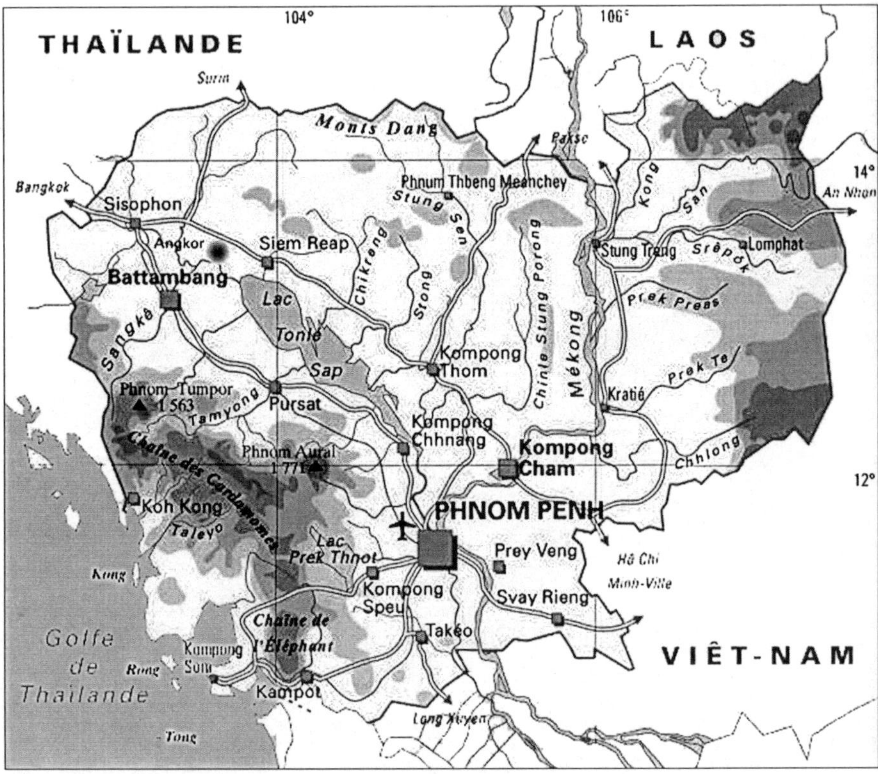
104°
106°
THAÏLANDE
LAOS
Surin
Monts Dang
Pakse
Bangkok
Sisophon
Phnum Thbeng Meanchey
Stung Sen
Kong
San
14°
An Nhon
Angkor
Siem Reap
Chikreng
Stong
Chinle Stung Porong
Mékong
Stung Treng
Srêpôk
Lomphat
Battambang
Lac
Tonle
Sap
Prek Preas
Sangkê
Kompong
Thom
Prek Te
Phnom Tumpor
1 563
Tamyong
Pursat
Kratié
Kompong
Chhnang
Chaîne des Cardamomes
Phnom Aural
1 771
Kompong
Cham
Chhlong
12°
Koh Kong
PHNOM PENH
Taleyo
Lac
Prek Thnot
Prey Veng
Hô Chi
Minh-Ville
Kong
Kompong
Speu
Svay Rieng
Chaîne de
l'Éléphant
Takéo
Golfe
de
Thaïlande
Rong
Kompong
Som
Kampot
VIÊT-NAM
Long Xuyen
Tong

I

TÉMOINS À DÉCHARGE

Dans le crépuscule tropical, au détour d'un chemin défoncé, comme le décor noirâtre d'un film d'horreur, plateau d'une absolue désolation après une éruption d'apocalypse. La peau de la terre est une lèpre à l'odeur douceâtre, écœurante, dont le vent chaud soulève des lambeaux; on hésite à marcher, on bute contre d'innommables débris d'où s'envolent de lourds insectes silencieux. Le sol mou se creuse de cavités profondes où stagne une boue d'encre. Très vite, la sombre nuit vous fige dans l'épouvante. Aucun repère, sinon, très loin, un grand bloc de lumière : en bordure de la ville, c'est un hôtel de luxe, aussi inaccessible vu d'ici qu'une étoile depuis une planète morte.

Dans ce chaos fétide, bientôt, s'allume la lueur spectrale de minces projecteurs, éclairant ça et là des créatures aux allures d'épouvantails qui se déplacent précautionneusement au-dessus des monticules croulants. Et puis les phares d'un camion surgi de nulle part révèlent brutalement les contours de cette scène de cauchemar : on comprend alors que ces maigres pantins sont des êtres humains en guenilles qui, une ampoule électrique sur le front, un crochet à la main, vont glanant on ne sait quoi dans le sol boursouflé, compacté par le bulldozer qui les frôle. C'est une nuit comme les autres qui commence sur la grande décharge de Stung Mean Chey, à Phnom Penh, la capitale du Cambodge.

« Quand nous sommes arrivés sur ce tas d'immondices de sept hectares, il y a dix ans, la situation était bien pire, dit Christian des Pallières, plus connu ici sous le nom de Papy. La plupart des chiffonniers étaient des enfants. Dès l'âge de quatre ans parfois, ils travaillaient sur la décharge, pieds nus, sous le soleil implacable le jour, sans rien à manger ni à boire, en grand danger d'être écrasés par les bennes à ordures la nuit quand ils s'écroulaient pour dormir n'importe où. »

Aujourd'hui, une route et quelques aménagements ont été réalisés dans la décharge par une organisation japonaise qui envisage la création, aux environs, d'une usine de traitement des ordures – un projet utile mais qui, paradoxalement, risque de créer plus de misères qu'il n'en supprimera. Et puis, en ce début d'hiver, c'est la saison sèche et la moins chaude (30° quand même à huit heures du matin). Mais en période de mousson, de mai à novembre, les ordures sont imbibées d'eau, on enfonce dans le bourbier infect parfois jusqu'à mi-corps. Le travail est épuisant sur l'immense champ d'épandage sans aucune ombre. Sous la pluie, des mares se forment, des mares où des enfants ont péri engloutis.

Christian n'oubliera jamais sa découverte de la décharge, un jour de septembre 1995. Cet homme policé, jovial compagnon d'ordinaire, est toujours emporté par la même indignation, secoué par la même colère, lorsqu'il évoque le choc de la réalité immonde que deux petites filles lui dévoilaient avec une atroce inconscience.

« Ayant terminé une mission sur l'enseignement cambodgien, j'avais plus de temps pour m'intéresser au sort des enfants des rues, si nombreux dans la capitale. J'en avais remarqué quelques-uns, encore plus maigres et plus sales que les autres, et je leur demandai de me montrer où ils vivaient. Ils m'ont alors amené ici, à Stung Mean Chey. Ils m'ont guidé à travers les amas gluants d'ordures que fouillaient inlassablement des centaines de gens parmi les plus misérables qu'on puisse imaginer.

« Quand ces enfants m'ont fait voir cela, quand j'ai découvert qu'ils devaient gagner leur vie, et celle de leurs parents, sur cette décharge et qu'ils ne la quittaient jamais, quand ils m'ont expliqué qu'ils avaient tellement faim qu'ils mangeaient des déchets trouvés sur place, j'ai eu envie de pleurer et en même temps une énorme rage m'a saisi : "C'est monstrueux, abominable. C'est indigne de l'humanité de tolérer de telles situations. Pas de discussion possible, pas de question : il y a une urgence absolue, il faut agir. Tout de suite." »

Depuis dix ans, avec leurs collaborateurs, Christian et son épouse Marie-France, tous deux retraités, ont sillonné en tous sens la décharge et ses abords, où des familles s'entassaient dans des abris précaires, parfois des huttes de carton et de chiffon. Ils connaissent la férocité de cet univers où l'extrême pauvreté engendre toutes sortes de violences. Incrédules au début, ne pouvant imaginer ce qu'était la survie dans ce lieu d'exclusion, ils ont passé des heures et des heures à écouter les enfants eux-mêmes décrire leurs conditions de travail.

« Il faut savoir, explique Christian, que les poubelles du tiers-monde n'ont rien de commun avec les nôtres, dans lesquelles on trouve des objets à récupérer. Le Cambodge, victime de tant de malheurs depuis plus de trente ans, fait partie des pays les plus pauvres de la planète. À Phnom Penh, ville qui compte environ un million d'habitants, quelques quartiers seulement dans le centre présentent des rues goudronnées, des logements corrects. Et là, la moindre canette de bière, le vêtement le plus déchiré sont immédiatement ramassés comme des objets précieux. Ne restent sur les trottoirs, dans les sacs plastique qui fermentent sous la chaleur, que des rebuts ménagers. Et pourtant les camionneurs qui les apportent se font payer pour chaque benne d'ordures "fraîches" qu'ils déversent. Les chiffonniers qui n'ont pas quelques *riels* à donner sont alors écartés à grands coups de bâton ou de crochet, surtout les enfants qui essaient de se glisser au plus près du tas. Au risque d'être engloutis quand la charge bascule. Ils doivent alors s'échiner à fouiller les déchets déjà cent fois retournés, agglomérés par le soleil en un magma durci ou transformés par les pluies en une infâme bouillie. Ils se coupent sur des bouts de fer ou de verre et souffrent presque tous d'infections, de maladies de peau. Ne pouvant se laver, ils sont couverts de vermine, d'une saleté repoussante qui les fait rejeter et mépriser s'ils s'aventurent hors de leur "quartier". C'est une des raisons qui écartent rapidement de l'école les garçons, si d'aventure leurs parents peuvent les y inscrire. Les filles, il n'est pas question de renoncer à les exploiter, et de bien des façons… »

Dans la décharge, on travaille tous les jours de l'année, vingt-quatre heures sur vingt-quatre : pour un gain dérisoire. Sur deux cent soixante tonnes de déchets collectées chaque jour, les experts japonais ont estimé que les chineurs extraient moins de vingt tonnes commercialisables, essentiellement des petits morceaux de carton (dont les paquets de cigarettes de la marque "Alain Delon" !), de papier et de sacs en plastique : ceux qui ne sont pas déchirés constituent une aubaine car on peut les laver dans un trou d'eau et les revendre un peu plus cher… On se dispute aussi la clientèle des éleveurs de porcs, tel cet étudiant en informatique qui paye ses études en nourrissant quelques cochons. Matin et soir, il installe à l'arrière de sa moto de grands seaux de débris alimentaires repêchés à la main dans le tas d'immondices.

Crayons à bille usagés, boîtes de conserves, morceaux de métal, seringues ou déchets d'hôpitaux : le tri est un travail de fourmi qui ne permet pas toujours de remplir en une journée les grands sacs que chacun porte à l'épaule. Les ordures s'entassent alors près des habitations jusqu'à ce que l'on ait constitué un lot négociable que femmes et enfants, attelés à une charrette de fer épouvantablement pesante et difficile à manier, iront livrer aux entrepôts des collecteurs. Pesée, payée, la "récolte" dérisoire est amassée dans d'énormes ballots que des camions emportent vers les usines du Vietnam proche. Comme beaucoup d'industries, celle du recyclage ne profite même pas aux Cambodgiens…

Un enfant chiffonnier gagne entre 2500 et 4500 riels : dans le meilleur des cas un euro par jour. Et par nuit, depuis qu'un bricoleur malfaisant a imaginé de récupérer des petites batteries pour alimenter des sortes de casques de mineurs. Loué 1000 riels, cet équipement permet de continuer à travailler dans l'obscurité, sans pour autant éviter ses dangers parfois mortels.

L'argent si durement gagné, il faut aussi le défendre contre le racket des plus grands et les attaques des gangs redoutables d'adolescents drogués aux vapeurs de colle ou au *yama,* le toxique local; ces bandes s'abattent régulièrement sur la décharge, frappant, violant et pillant sans pitié les enfants. Les quelques billets qui leur restent doivent être rapportés “à la maison”. Et quelle maison!

Pourquoi Christian et son équipe de l'association PSE (« Pour un Sourire d'Enfant ») ont-ils recueilli avec patience et minutie ces détails abjects, observé et enregistré des images qui soulèvent le cœur et révoltent l'âme, comme les plaies ouvertes sur les bras et les jambes de la plupart des enfants, comme leur marche titubante et leurs yeux lourds de fatigue dans le petit matin, comme cette fillette drapant sur elle ses guenilles avant de se coucher dans un panier défoncé, à même les ordures où courent les rats? Pourquoi ne cessent-ils de crier pour ces enfants?

Parce qu'ils se veulent désormais les témoins de leur sort injuste à la face du monde, et les avocats de leurs droits. Parce que les petits, nés handicapés, dont les mères ont été intoxiquées par les fumées du brûlis d'ordures, ceux dont les voix horrifiées n'ont pas été entendues et qui sont morts écrasés par les vieux bulldozers russes, tant d'autres, esclaves de cette géhenne, appellent non pas à la vengeance mais à la mémoire et à la repentance. À l'action, surtout.

Et puis parce que les enfants de la décharge et des trottoirs de Phnom Penh ne sont plus, à PSE, des silhouettes anonymes ballottées sur un océan de misère mais des garçons et des filles qui ont un prénom, une histoire. Et désormais un sourire.

Ils s'appellent Chenda, Laekhena et Maryna, Sok et Thavy, Nita, Vantha, Srieng, Sopheara, tant d'autres encore... Ils partagent depuis dix ans la vie quotidienne des fondateurs de l'association, qui les aiment, les protègent, et ont su créer autour d'eux un extraordinaire réseau de compétences et de solidarité, en Europe et aussi au Cambodge, car PSE a aujourd'hui plus de trois cents collaborateurs khmers ; ce réseau, toujours en expansion, donne les moyens de grandir en paix à ces écoliers, ces étudiants même, les premiers diplômés du Cambodge issus de ses poubelles, vainqueurs de l'injustice sociale et du mauvais *karma !*

Tous ces jeunes ont vécu l'extrême pauvreté ainsi que d'autres tragédies dont ils portent encore les séquelles. Malgré leur pudeur et l'extrême discrétion asiatique, qui veut qu'on n'attriste pas autrui en lui faisant part de ses difficultés, ils ont accepté de témoigner pour les lecteurs de ce livre comme ils le font dans les films et les conférences de "Papy".

Le plus dur pour eux n'est d'ailleurs pas d'évoquer leur travail de chiffonnier, un travail *normal,* puisqu'il leur obtenait le riz quotidien, disent-ils ; malgré leur dégoût pour cet environnement, les souffrances subies dans leur “métier” ne sont pas les pires… Il y a un autre côté de leur enfance volée, plus noir encore, plus douloureux à exprimer.

« Moi aussi, commente Christian des Pallières, j'ai d'abord cru que la décharge, c'était l'enfer. Mais les enfants m'ont fait découvrir que c'était seulement la moitié de l'enfer. »

II

LES ENFANTS LES ONT PRIS PAR LA MAIN

Loin, bien loin de la lumière du Cambodge, alors protectorat français, une demeure historique de 136 pièces (!) en Normandie. Malgré l'apparence de la vie de château, une maison austère, glaciale l'hiver, où un petit garçon souffre de l'éducation sévère – à la mode britannique. Pas d'effusions : en dessous de sept ans, les enfants vivent séparés de leurs parents et n'ont pas droit à la parole. Ces principes, supposés formateurs, glacent ce petit bonhomme déjà bavard, curieux, rêveur et qui s'évade dans des récits d'aventures, dans des pays du bout du monde, des livres dont les gravures représentent des coutumes étranges, des végétations exotiques, des voyages extraordinaires… Il a dix ans quand les combats du débarquement allié mettent le feu à la demeure familiale. « Un journaliste un peu psy a voulu y voir l'origine de mon détachement des biens matériels, ce renoncement qui se trouve également au centre de la culture bouddhique… Peut-être, sourit Christian des Pallières. Mais la vie me réservait d'autres leçons… »

Ainsi la mort brutale de son père et les longues années d'internat dans de lugubres pensions, ces collèges d'après-guerre où l'on avait faim et froid, et où l'enseignement était si triste, ponctué de « colles » et de promenades en rang. « Ce n'est que plus tard que j'ai découvert que tout aurait pu être passionnant. » C'est probablement là qu'est née sa passion pour la pédagogie : Christian y a vécu, maltraitance en moins, mais au détail près, la même histoire que celle des « Choristes » de Gérard Jugnot (auquel il ressemble, en plus costaud!) avec le même chef de chœur génial, arrivant avec un enthousiasme qui faisait oublier aux enfants la grisaille ambiante…

Dans les années cinquante, le brillant fils de famille, évidemment destiné à intégrer une grande école, en prépare les concours à Paris lorsqu'un orage vient ravager la vie de ce jeune homme timide et sentimental…

Pourquoi évoquer cette histoire d'amour malheureux sinon parce qu'elle permet de saisir le premier brin du fil rouge d'une vie tressée d'aventure et de pédagogie, d'enfance et de musique… En effet l'amoureux incompris bâcle ses études et, sans le sou, se la joue tête brûlée et chevaleresque, décidant soudain de s'engager dans l'armée. Nous sommes au début de la guerre d'Algérie, une guerre qui ne dit pas son nom et que l'aspirant des Pallières voit d'abord comme la « pacification » des discours officiels. Il est en effet affecté aux fameuses unités SAS (Sections Administratives Spéciales), dont le but est de renforcer la présence française, et ses bienfaits, dans les campagnes reculées des départements algériens.

Sur un piton perdu de Kabylie, voici donc le jeune officier responsable de dix villages, seul maître après Dieu. Il a, de fait, tous les pouvoirs, ses consignes étant aussi vagues que ses chefs sont lointains... et ses moyens limités. Christian se prend de passion pour cette terre étrangère, ses habitants, sa langue, ses coutumes. Il vit au milieu des bergers et petits cultivateurs qui adoptent bientôt ce drôle de soldat, vite métamorphosé en instituteur. Son école du bled est l'exact opposé des pensionnats de son enfance : on y apprend en jouant et en racontant des histoires, on y mange et on y chante, les enfants sont – déjà – aimés et soignés, leurs parents écoutés, respectés. Des années de soleil, trois d'abord puis encore une, dont Christian gardera longtemps la nostalgie.

Mais derrière le tableau noir, la guerre continue. Les « opérations » se déchaînent sur l'oasis de paix, longtemps préservée, où Christian ne peut plus rester dans une impossible neutralité. Déchirure pour ce cœur généreux, prise de conscience aussi, dans cette tête d'idéaliste éloigné jusque-là des débats de la politique... Des troupes d'action ont pris position et, pour débusquer de supposés fellaghas, « ratissent » le territoire de Christian ; celui-ci voit ses amis kabyles tués, torturés, sans pouvoir intervenir ; il voit aussi, le lendemain, les fils et les frères des disparus rejoindre les maquis du FLN : le meurtre d'un père ou d'un frère, le viol de la femme ou de la sœur transforment en terroristes de paisibles villageois... Une leçon qu'il n'oubliera pas lorsqu'il traversera certains pays africains ou orientaux et qui lui fera poursuivre sa réflexion et changer bien des points de vue.

L'ironie du sort voudra que, bien des années plus tard, l'association fondée par les des Pallières ait pour (excellent) président… un ancien général. L'Algérie ne sera jamais évoquée entre eux.

1962. Il a fallu regagner la métropole. Bronzé, décoré, un peu perdu, Christian des Pallières cherche ses marques dans le monde du travail. Ce sont les « trente glorieuses » et le plein emploi. Après un passage au service commercial d'un grand magasin, il est bientôt recruté par la société IBM. Il y acquiert des connaissances en informatique et une pratique du management à l'américaine qui seront des atouts précieux dans la gestion de la future « entreprise PSE ».

Et les amours qui l'avaient fait partir si loin ?

C'était devenu, pour Christian, comme un défi, bien au-delà de la personne concernée. C'est sa foi même qu'il avait fini par mettre en jeu, afin de vérifier, une fois pour toutes, la véracité de la phrase : *« Demandez et vous recevrez. »*

Aussi, lorsqu'il avait appris les fiançailles de la jeune fille qu'il avait courtisée, il était entré dans une église et avait presque hurlé : si *cela* existait, qu'on le lui montre avant minuit ! Sinon, ce serait la preuve qu'il n'y avait personne avec qui discuter. Et dans ce cas, il vaudrait mieux être honnête et ne plus perdre de temps avec toutes ces histoires…

Mais oui, cette fin de romance concerne elle aussi PSE et son histoire exemplaire ! En effet, le soir même, le destin – que ni l'un ni l'autre n'appelle ainsi – fait se rencontrer pour la vie Christian et Marie-France. Ce n'est que quelques jours plus tard que lui constate, stupéfait, que la réponse était venue… avant minuit !

« Sans Marie-France, dit-il, jamais je n'aurais pu réaliser

aucun projet, mener à bien aucune de nos aventures. Ce fameux jour, j'ai immédiatement compris que c'était la femme qu'il me fallait! J'ai compris aussi que, lorsqu'un petit enfant demande à boire une bière, son père a raison de lui donner un verre de lait. Car c'est d'apaiser sa soif qu'il demande. »

Elle est gracieuse et vive, cette craquante jeune fille de la bonne bourgeoisie, mais elle cache aussi sa part de souffrance et de rêve derrière un sourire ravissant. Elle aime l'enseignement, et la musique! l'ordre et le travail bien fait, mais la fantaisie la séduit, l'emporte…

Fiançailles, mariage, premiers bébés, tout va vite désormais : chez IBM, un poste est disponible au Maroc. La petite famille s'embarque pour Casablanca et y achète un camping-car; il sera suivi d'une longue série de « Nain-Bus » : depuis 1996, chaque printemps, l'un d'eux, bichonné par des membres de l'association, attend, au camping du Bois de Boulogne, le dernier avatar de la famille des Pallières en route pour une picaresque tournée dans les provinces françaises.

« Partir en vacances dans une caravane, cela faisait vraiment vulgaire et détonait quelque peu dans le milieu conformiste des Français d'outre-mer, se souvient le couple, qui bravera bien d'autres préjugés! Mais pour découvrir un pays et entrer en contact avec la population, il n'y a pas de meilleur moyen. Une fois, nous avons emmené avec nos enfants le fils d'une famille de colons : il nous a énormément remerciés parce que, disait-il, c'était la première fois qu'il voyait vraiment le pays où il était né… »

Dans les tribus de l'Atlas, sur les pistes du Sahara, Caroline, Bertrand, Isabelle et le petit Éric apprennent, entre autres, l'art de manger élégamment avec les doigts et de dormir confortablement sans lit, art qu'ils vont avoir l'occasion de perfectionner bientôt. Les des Pallières ont raconté dans un best-seller, paru en 1984, *Quatre enfants et un rêve* [1], comment ils étaient repartis, cette fois pour une balade de dix-huit mois, jusque dans l'Inde des légendes, à travers le Moyen-Orient et l'Afghanistan en guerre. Avec peu d'argent, pas mal d'inconscience et beaucoup de chansons, comme un pied de nez à la vie trop rangée de leur milieu, pour découvrir le monde à travers les yeux émerveillés des enfants.

C'est Christian qui conduit le camping-car – six mètres carrés habitables – et Marie-France, ce petit bout de femme au cœur sensible mais d'airain, veille : sur l'itinéraire souvent incertain, sur le programme, hasardeux lui aussi, sur le budget qui s'évapore aussi vite que l'eau des gourdes, sur la santé de quatre petits âgés de six à douze ans… Et l'école ? Christian en est le maître ravi, incollable sur la civilisation kurde ou les conquêtes d'Alexandre dont il déroule le palpitant feuilleton au gré des étapes. Tout est prétexte à leçon de choses, et cours de langues. Et si les enfants se plaignent d'avoir trop chaud en traversant un désert, quelle occasion unique de leur faire découvrir et répertorier sur leur cahier de grammaire une bonne centaine d'expressions évoquant la canicule ! Un exploit qui leur fait oublier la soif…

[1] Réédité aux éditions Nouvelle Cité, mars 2005.

Aujourd'hui, sur les étagères encombrées de leur pièce unique (« le gourbi cambodgien de Christian et Marie-France », soupirent leurs proches), comme jadis dans l'étroit placard de Nain-Bus, on trouve toujours une petite place, entre la Bible et le métronome, pour un dictionnaire érudit. Et un petit quart d'heure pour faire réciter sa leçon de géographie ou de khmer à une pensionnaire faussement confuse de déranger encore Papy et Mamie…

Au cours de leur année et demie en Asie, les des Pallières visitent peu de hauts lieux touristiques, monuments et musées, et ignorent les mondanités ; les parents ont choisi de s'arrêter longuement dans les villages, de vivre au rythme des habitants et selon leurs coutumes… Passionnant et formateur. Et certaines des personnes rencontrées pendant ce périple, des voyageurs hors normes ou des expatriés atypiques, croiseront à nouveau un jour les chemins de PSE.

En 1985 la famille fera encore un grand voyage, cette fois jusqu'en Chine, où son camping-car, véhicule totalement inconnu à l'époque, fait sensation et provoque des attroupements qui pourraient tourner à l'émeute si les occupants ne se prêtaient pas aimablement à la visite de leur habitacle !

À l'époque – prudence que l'urgence balaiera un jour – avant de se lancer dans une aventure, Christian ne laisse rien au hasard. C'est ainsi que, désireux de se préparer à la découverte des religions asiatiques, il a un jour abordé dans la rue des adeptes de la secte Haré Krishna, puis fréquenté assidûment leur local. Ses collègues d'IBM qui le voient partir d'un pas pressé à l'heure du déjeuner ne se doutent pas qu'en costume strict et nœud papillon il va pendant deux heures agiter des clochettes et réciter des mantras, assis en lotus au milieu de pseudo-bonzes aux crânes rasés. Il se déclarera satisfait de l'expérience, l'enseignement, sinon les repas, étant, paraît-il, tout à fait satisfaisant…

Le livre (vendu à 400 000 exemplaires) et les conférences des des Pallières, avec un magnifique diaporama – déjà – retraçant leur périple familial et chantant, déclencheront dans les beaux quartiers un incroyable engouement pour le camping-caravaning et Nain-Bus aura des centaines de petits frères dans les garages de l'hexagone.

Et pourtant, il commence à rouiller sur un parking de Meudon tandis que les membres de la famille assagie vaquent à des occupations plus banales. Marie-France a pris le chemin du bureau ; elle assure du secrétariat à l'archevêché de Paris. Les écoliers nomades sont devenus des étudiants sédentaires. Et si Christian court toujours le monde, c'est pour IBM, dans les agences d'Afrique et d'Océanie et aussi par procuration : il a été élu en effet président de la Guilde du Raid, confrérie de grands voyageurs chic et choc, qu'il ne cessera de propulser sur les sentiers de l'aventure utile et des pays en voie de développement. D'où sa présence en 1992 au Forum d'Agen, le congrès qui réunit chaque année la plupart des ONG (organisations non gouvernementales) s'occupant d'action humanitaire. Alors qu'il a 58 ans, la société IBM lui propose de prendre une préretraite méritée. Totalement disponible, il se sent prêt à répondre encore une fois à l'appel du large…

Ni lui ni Marie-France n'estime nécessaire de mettre en avant leurs convictions chrétiennes. Lorsqu'ils ont créé l'association *Pour un Sourire d'Enfant,* à l'occasion d'un voyage dans le Liban en guerre, c'était pour réagir contre une charité trop confessionnelle qui excluait de ses actions les petits réfugiés musulmans. Et, dans leur Centre de Phnom Penh, ils accompagnent à la pagode les enfants bouddhistes comme à l'église les catholiques. Sans dissimuler leur propre foi, évidente pour qui sait voir. Par exemple, en bonne place dans le studio où Christian élabore les films qu'il présente lors de ses tournées, cette photo d'une jeune fille méditative et démodée. « Tout le monde croit que c'est ma grand-mère ! » s'amuse-t-il. Il s'agit de la petite carmélite normande, de surcroît patronne des missions, Thérèse de Lisieux…

C'est donc avec beaucoup de pudeur qu'il évoque son arrivée à Agen, un moment aussi décisif que sa rencontre avec Marie-France, et la prière qu'il a faite alors pour abandonner le choix de son avenir à une autre volonté. « La réponse a été immédiate et je l'ai reçue avec un profond sentiment de joie et de paix », confie-t-il.

Cette réponse, c'est le Cambodge. Une association, le SIPAR (Soutien à l'Initiative Privée pour l'Aide à la Reconstruction du Sud-Est asiatique) s'est rendue au Forum dans l'espoir d'y dénicher un volontaire pour une mission dans le nouvel État cambodgien (qui a retrouvé sa souveraineté l'année précédente seulement).

Le poste pour lequel le SIPAR recrute a tout pour plaire au créateur enthousiaste des petites écoles de Kabylie, au professeur inventif du « Cours Nain-Bus ». Il s'agit d'aider à reconstruire l'enseignement primaire cambodgien totalement sinistré. Dans l'épouvantable fratricide perpétré par les Khmers rouges, 70 % des instituteurs ont disparu. Les années d'occupation vietnamienne qui ont suivi, l'instabilité politique, les difficultés économiques ont laissé le pays exsangue, profondément atteint moralement et psychologiquement. Et pourtant la natalité est repartie; malgré une terrible mortalité infantile la population augmente, la moitié des Cambodgiens a aujourd'hui moins de seize ans, le quart moins de quatre ans. Face à ce raz-de-marée de la natalité, la situation de l'enseignement est critique : il manque au moins dix mille classes, il n'y a plus de livres… Christian se jette à corps perdu dans sa mission, sillonnant les provinces de l'Ouest particulièrement défavorisées pour faire ouvrir des écoles et former au métier de professeur des jeunes au parcours scolaire souvent succinct; il élabore avec eux des programmes complets, mettant au point des méthodes originales, construisant des outils pédagogiques comme ces livres de lecture fabriqués à la main en collant des textes en khmer sur des manuels illustrés français.

Des années de travail intensif, dans des conditions de vie précaires et dangereuses car les combats n'ont pas totalement cessé et que les étrangers sont encore la cible des prises d'otage et des assassinats. Mais déjà le maître mot est le même qu'au Centre PSE actuel : « C'est pour les enfants. »

À l'arrière, comme d'habitude, Marie-France assure, fourmi admirative de sa cigale de mari qu'elle aidera à concrétiser ses rêves jusque dans les détails, allant toujours avec lui jusqu'au bout de la tâche décidée d'un commun accord. Elle viendra d'ailleurs passer un an au Cambodge pendant la période SIPAR. Leurs enfants, peu à peu, quittent le nid pour voler de leurs propres ailes. Des ailes à la large envergure : la tribu s'est enrichie d'un fils adoptif afghan, d'un gendre allemand, d'une bru serbe, qui sera suivie d'une autre, cambodgienne. Les deux filles, Caroline et Isabelle, sont engagées dans des actions de solidarité, l'une auprès d'adultes handicapés mentaux, l'autre avec des enfants en difficulté sociale.

Les voies de la Providence sont, paraît-il, impénétrables. C'est sans doute ce qu'a pensé Christian des Pallières en apprenant soudain que, de la lointaine Europe, les dirigeants du SIPAR avaient décidé de modifier son organisation et de transformer ses programmes ; le personnel, lui aussi, allait changer… En effet, l'Union Européenne était arrivée pour reprendre les actions du SIPAR avec ses propres experts.

Depuis longtemps, Christian et Marie-France ne supportaient plus de voir les petits chiffonniers squelettiques fouiller dans les ordures des rues de Phnom Penh, ils rêvaient de pouvoir les aider. Quand sa mission au SIPAR a pris fin, Christian a pu enfin se tourner vers eux, leur poser des questions sur leur vie. Ils lui ont alors parlé d'un autre lieu de travail que les rues.

« Ce sont les enfants, dit-il, qui m'ont pris par la main. Et quand on a vu l'horreur innommable de la décharge où ils m'ont amené, quand on a réalisé comment ils y survivaient, il n'était plus question de rentrer chez soi et de dormir tranquille. Dès le lendemain, je suis retourné à Stung Mean Chey. »

Après cette rencontre, Christian et Marie-France ont présenté au SIPAR un projet pour les petits chiffonniers. Mais l'association, travaillant depuis si longtemps au Cambodge, n'a pas voulu repartir dans un nouveau programme qui risquait de l'engager pour une période indéterminée.

Avec l'aide financière de leurs familles et de leurs amis les plus proches, qu'ils avaient alertés, a commencé alors une action, et d'abord la visite de l'enfer que constituaient les abords de la décharge. Passant d'un gourbi en carton à une bâche ou une simple natte sur les ordures pour loger toute une famille, aidé par un traducteur, Christian écoutait toute cette misère.

« Les mamans au bout du rouleau m'expliquaient leur vie impossible, les situations sans solutions, les enfants qu'on ne pouvait pas nourrir, les maladies qu'on ne pouvait pas soigner, la violence, et puis ces bouffées de désespoir qui remontaient en sanglots.

« Comment ne pas vouloir se saisir de tout cela, le montrer au monde, crier et secourir ?

« Combien de fois ai-je dû me lever, aller faire quelques pas dehors pour respirer et ne pas montrer que je pleurais aussi…

« Comment expliquer à cette famille qu'on ne pourrait pas l'aider tout de suite car il y avait pire ? Qu'on ne pourrait pas vaincre toutes les misères et que la priorité était d'aider les enfants ? »

Et puis la chaleur, les mouches, cette odeur pestilentielle.

En fin de journée, il ne savait plus.

« Alors, j'ai demandé à des chiffonniers adultes de m'indiquer les cas qu'ils estimaient les plus tragiques. Ils m'ont conduit vers des enfants abandonnés, pour qui ils se privaient d'un peu de leur nourriture. Cela m'a énormément touché, car ils auraient pu demander de l'aide pour leur propre famille, toutes étant si misérables ; ils ont fait preuve, ce jour-là, d'une vraie compassion pour les plus malheureux. »

« Par la suite, ajoute Christian avec réalisme, ils ont essayé d'obtenir de nous tout ce qu'ils pourraient ; c'est normal, ils faisaient leur métier de pauvres ! Il a donc fallu tout contrôler et reprendre les visites. Notre métier à nous, c'était d'essayer de les connaître et de répondre, autant que possible, à leurs besoins. Et d'abord de mettre sur pied une action d'urgence pour les enfants. »

C'était terrible mais il a fallu se décider. Avec beaucoup de déchirement, une première liste d'une trentaine d'enfants a été établie. Ceux-là auraient droit à un repas quotidien, le matin, sur la décharge. Oh, un plat tout simple, à base de riz. Et c'était déjà extraordinaire pour eux. Mais il fallait supporter le regard de ceux qui tournaient autour. « Je crois que c'est ce regard qui a fait que nous ne nous sommes jamais arrêtés de vouloir prendre toujours plus d'enfants », confie Christian.

Ce sont les enfants, qui vont définir le programme de son action, aujourd'hui encore l'axe principal de PSE. « Manger et étudier », telle est en effet la demande unanime de ces gosses affamés, dont certains n'ont jamais quitté leur village de cabanes, au pied du tas d'ordures.

Très vite, les enfants auront du riz et des crayons. L'amour en plus.

III

L'AUTRE MOITIÉ DE L'ENFER

« Travailler sur la décharge, c'était normal. Ce qui me faisait pleurer, c'est quand mon père battait ma mère et qu'ils ont vendu ma sœur. »

Tola [2], 16 ans sans doute, porte le chemisier blanc à col Claudine et l'impeccable jupe bleue d'uniforme qui font ressembler cette cour de récréation de la banlieue pauvre de Phnom Penh au pensionnat des Oiseaux. Avec ses boucles d'oreilles et le chouchou rose qui retient ses longs cheveux, l'adolescente a la grâce d'une princesse – c'est d'ailleurs ainsi que l'appellent Christian et Marie-France. Sans favoritisme : le même qualificatif s'applique aux cinquante-neuf autres pensionnaires qui habitent avec eux, au « Centre », le village PSE !

[2] Les prénoms de certains jeunes et des enfants mineurs ont été changés.

Tola sort de la bibliothèque, où elle a consulté un livre d'histoire du Cambodge.

« Je veux travailler dans le tourisme, explique-t-elle dans un anglais encore hésitant, devenir guide pour être en contact avec les touristes étrangers et pouvoir un jour voyager moi aussi.

« Depuis que je suis toute petite, j'ai fouillé les ordures. Je n'ai pas de haine pour la décharge car elle m'a permis de rester en vie. C'est là que je dormais, parce que mes parents me renvoyaient dehors le soir, sans me nourrir, si je ne leur rapportais pas 2000 riels. Et je n'y arrivais presque jamais : j'étais trop petite et les grands garçons volaient ce qu'il y avait dans mon sac. Quand la paillote s'est ouverte (NDLA : le premier lieu de distribution de riz et d'eau dans la décharge), Papy m'a vue et il a trouvé que j'étais très maigre. J'avais mangé des fruits pourris et cela m'avait rendue malade. Moi, j'ai eu très peur de lui. Je n'avais jamais rencontré de *Baraing* (Français) et je pensais qu'il voulait me prendre pour me vendre.

« Ma grande sœur, je savais qu'on l'avait vendue pour payer les dettes de ma mère, qui jouait tout le temps aux cartes. Mais, après, mon père a battu ma mère tellement souvent qu'elle est morte.

« À la paillote on m'a dit que je pourrais aller à l'école pour apprendre. Apprendre quoi? Je ne comprenais pas ce que cela voulait dire. Je voyais bien des enfants propres qui passaient avec des cartables mais je n'osais pas parler avec eux; j'étais si sale qu'ils m'auraient repoussée. Et puis je n'avais pas le temps.

« Le premier jour, à l'école, on m'a envoyée choisir des

vêtements à ma taille. Après, je me suis endormie. J'ai dormi toute la journée. Le lendemain, j'ai pris une douche. D'habitude, je me lavais à peu près une fois par mois dans une mare dégoûtante à côté de la décharge. Ensuite, on m'a expliqué ce que c'était, lire et écrire. J'ai dit : je vais essayer.

« Papy a donné du riz à mon père pour que je continue l'école mais il m'envoyait quand même la nuit sur la décharge, avec ma petite sœur et mon frère. Je laissais mon uniforme à la cabane des camionneurs : j'ai eu de la chance, on ne me l'a pas volé. L'argent que je gagnais les jours de congé, je le confiais à la dame de la paillote. Mais mon père trouvait que je ne rapportais pas assez et il m'a dit que sa nouvelle femme allait m'emmener dans un karaoké (NDLA : ces cabarets sont en fait des maisons de passe). Je ne voulais pas et j'ai demandé à Mamie de me prendre comme pensionnaire. Je pourrais travailler plus et avoir de meilleures notes.

« Je suis très contente maintenant mais je n'oublie pas les enfants chiffonniers. Avec des amies, le dimanche, on va chercher les petits sur la décharge, pour qu'ils viennent jouer au Centre. Moi, je les fais dormir d'abord, avant le goûter… Pour que les parents les laissent partir avec nous, on leur donne quelque chose mais, le soir, les enfants veulent rentrer vite pour aller gagner de l'argent. »

L'histoire de Tola n'a rien d'exceptionnel. En effet, la violence est quotidienne sur la décharge, mais pas seulement. Le pays reste profondément marqué par une longue et impitoyable guerre civile, la Terreur révolutionnaire qui transforma le petit royaume en un goulag tropical où deux millions de personnes au moins ont péri. Pour d'autres, ce fut l'exil ou bien l'inaction assistée dans des camps; le retour de ces réfugiés s'est fait dans des conditions désastreuses, les régions rurales où vivait la grande majorité de la population étant dévastées et minées. Ce drame a fait éclater les anciens cadres, religieux, familiaux, villageois, libérant une cruauté qui fut la marque du régime khmer rouge; elle a laissé des traces dans la génération aujourd'hui adulte, celle des jeunes hommes, élevés dans un climat de peur et de haine, utilisés par les diverses factions armées puis rejetés, parfois blessés, amputés ou malades. D'après certains experts, 60 % des Cambodgiens adultes gardent des séquelles psychiques de ces années d'horreur. Et la violence des hommes, souvent aggravée par l'alcoolisme, s'exerce d'abord contre leurs proches.

Par une tristement ironique coïncidence, le numéro de *Cambodge Soir* qui saluait, en novembre 2000, l'attribution à l'association « Pour un Sourire d'Enfant » du Prix des Droits de l'Homme, publiait un autre *scoop :* pour la première fois, un père de famille était poursuivi en justice pour mauvais traitements à sa compagne! Jusque-là, les maltraitances conjugales n'attiraient guère l'attention des autorités. Et pourtant...

« En un mois, commente un travailleur social de PSE, il y a eu dans notre secteur trois décès de femmes battues... »

Le sommeil des enfants qui ont vécu dans un tel climat de violence est souvent peuplé de cauchemars et certains présentent des troubles psychiques que de longues années de sécurité et d'affection pourront seulement atténuer...

D'autres maltraitances, les sévices sexuels sur les mineurs, ne sont jamais évoqués dans les médias, sinon pour mettre en garde… les étrangers pédophiles contre les peines encourues. « Hypocrisie scandaleuse, tonne Christian des Pallières ! Les trafics d'enfants, notamment avec la Thaïlande, se pratiquent quasi ouvertement ; d'autant qu'il n'y a ici ni état civil, ni contrôle efficace aux frontières, et que la justice, comme la police, n'est pas toujours fiable. Les rapports de l'Unicef et de la Ligue des Droits de l'Homme font état chaque année de situations épouvantables, malheureusement sans que des progrès significatifs soient enregistrés ensuite. Nous avons connaissance, dans les villages où habitent les enfants, de dizaines de cas de viols commis impunément par le père ou le beau-père, avec la complicité tacite des voisins, quand ce n'est pas celle de la femme. »

Et d'énumérer le martyrologe des petites filles de la décharge dont les confidences ont souvent fait pleurer ceux qui les ont recueillies : Nieng, 12 ans : « Mon père me battait tous les jours pour que j'aille chez un vieil homme qui le payait. » Sarath, 13 ans : « Je devais dormir avec mon beau-père quand ma mère était à la décharge. Il disait que si j'en parlais il me tuerait. » Srey Mom, 14 ans, couverte de cicatrices : « Il y a toujours des bagarres dans ma maison ; ma belle-mère m'a donné des coups de couteau parce que je ne voulais pas gagner de l'argent avec les voisins. » Dalin, 8 ans : « Ma mère a été abandonnée par deux maris. Pour payer la crémation de notre grand-mère, on n'avait rien, alors elle a donné ma petite sœur. On n'a plus jamais eu de nouvelles. » Et Phirom, Dyna, Pisei, tant et tant d'autres, véritables esclaves de marâtres ou de patronnes qui les ont achetées pour leur faire faire tous les métiers.

Certains enfants ont le courage de venir dénoncer les

crimes dont ils sont victimes ou témoins, ainsi la sœur de la petite Sokhoeun, 6 ans, punie parce que le bébé dont elle avait la charge était tombé : la mère l'avait attachée à un arbre, près d'un nid de fourmis rouges, un supplice couramment pratiqué par les hommes de Pol Pot... Ou Peou, régulièrement violée par son père, et le père de celui-ci. Mais le respect des aînés, des parents, et l'obéissance inconditionnelle sont si profondément ancrés dans les cultures asiatiques que les fillettes pensent parfois qu'il faut tout accepter... Ou bien la honte et la culpabilité les conduisent à une sorte de résignation, un préjugé social tenace prétendant qu'une fille qui a perdu sa virginité ne peut envisager d'autre destin que la prostitution.

Au Centre PSE, on reste donc très discret sur le passé des enfants mais la vigilance est constante autour des filles les plus menacées, que les hommes de la famille cherchent souvent à reprendre. Attaques et enlèvements sont plus rares maintenant qu'aux débuts du Centre, où Christian a souvent passé des nuits à rechercher une fillette volée dont il a dû parfois acheter le retour et la tranquillité. Car les kalachnikovs des milices n'ont pas toutes été rendues aux autorités...

Et si quelques jeunes filles participent chaque année aux tournées PSE en Europe, ce n'est pas seulement pour présenter des danses ou perfectionner leur français : c'est qu'il y aurait trop de risque à les laisser sans la protection de Papy, que les parents de la décharge et des villages d'alentour ont appris à craindre.

Mais cette violence, elle peut aussi s'emparer des enfants eux-mêmes. C'est ce qui est arrivé à Sokha : une rebelle que le désespoir a jetée dans le camp de la délinquance (à douze ans!) avant qu'elle ne décide de changer de vie.

Longtemps pensionnaire à PSE, elle se sent maintenant assez forte pour vivre à l'extérieur, « chez sa grand-mère ». En tout cas, une femme qu'elle appelle ainsi. L'histoire de sa famille est pleine de trous, de contradictions. Le traducteur a du mal à comprendre qui l'a recueillie quand elle a été abandonnée, comment « les gens qui la battaient » – jusqu'à ce qu'elle s'évanouisse, précise-t-elle avec un calme effrayant – ont retrouvé son oncle puis sa mère. Chez qui était-elle quand on la réveillait à trois heures du matin pour porter l'eau et « des choses trop lourdes », préparer les repas pour « les autres », quand on l'envoyait le soir « faire la vaisselle chez des Chinois » ?

« De tous les gens qui ont été autour de moi, je n'aime personne, dit-elle sombrement. Il n'y avait pas d'affection. Ils se servaient de moi. Ils ont voulu que je travaille comme manœuvre sur un chantier de construction. Ils voulaient me forcer mais j'étais trop faible. Ils étaient fâchés et les enfants de cette famille disaient que je ne travaillais pas assez. Je mangeais après les autres, pas beaucoup. »

À douze ans, l'existence de la petite fille « qui avait trop pleuré » bascule. Sokha s'anime pour raconter comment elle est devenue… gangster. Elle a commencé à fumer à huit ans, et à boire de l'alcool. Puis c'est la drogue.

« J'avais marre de tout ; je cherchais des amis pour me consoler. Je me sauvais la nuit pour retrouver les amis, sept, dont cinq garçons. Il y avait une fille qui avait de l'argent et qui me faisait faire ce qu'elle voulait. Avec elle, j'ai commencé la drogue. Toutes les drogues, je les connais. Au début, c'est gai comme tout dans le cœur, on oublie les problèmes. On est fort avec la drogue, je pouvais même battre mon oncle ! Mais quand la drogue est finie, je deviens très faible, très molle.

« J'ai commencé à voler de l'argent dans la famille et puis la bande m'a demandé d'attaquer des gens pour prendre des motos, des bijoux. Au début, je devais le faire seule, ensuite, avec les autres. La bande tue ceux qui résistent, je l'ai vu, ça a durci mon cœur. »

À treize ans, Sokha est devenue le chef de la bande. « Moi, dit-elle avec fierté, on ne me vendait pas ! » Il semble cependant certain qu'elle ait été prostituée dès son entrée dans le gang. Elle n'avoue pas non plus sa peur ; c'est pour se désintoxiquer qu'elle est venue, seule, à PSE : elle se rendait compte que la drogue était en train de la rendre folle et elle voulait arrêter. Avec un incroyable courage, elle y est parvenue. Elle souligne combien l'aide des professeurs et l'encouragement des autres jeunes lui ont permis de sortir de son enfer. Elle en est très fière et exhorte volontiers les drogués à faire preuve de volonté pour s'en sortir, au point d'avoir entrepris d'écrire un livre (!) à leur intention. Et pourtant les crises de manque étaient terribles ; elle fait le geste sauvage de s'ouvrir la veine du poignet pour boire le sang, le sang qui garde longtemps la présence de la drogue.

De son passé, elle a conservé une grande agressivité, des rapports difficiles et ambigus avec les femmes « comme sa mère », une dureté qui la marginalise un peu, d'autant qu'elle a des origines vietnamiennes : pas vraiment un atout chez ses camarades khmers. Papy a suivi pas à pas sa remontée, incitant les professeurs qui ne connaissaient pas ses origines à lâcher un peu la bride de cette cavale sauvage.

À la fin de cette année scolaire, Sokha, à peu près analphabète il y a cinq ans, passera le brevet, grâce aux méthodes de rattrapage de PSE, grâce aussi à son opiniâtreté. « Je suis bonne en maths et en français ; je vais continuer les études parce que je veux devenir écrivain et médecin », conclut avec assurance la petite « reine des bandits » métamorphosée en écolière studieuse. Comme on voudrait que ses rêves deviennent aussi réels que ses cauchemars l'ont été !

IV

LES DÉBUTS D'UNE INCROYABLE AVENTURE

Quand on découvre aujourd'hui le Centre PSE, avec ses bâtiments nombreux, abritant des services divers, les centaines d'enfants et d'adultes qui s'y croisent, le travail qui s'y accomplit, on a du mal à imaginer la naissance de cette réalisation, dans des conditions plus que difficiles. Comme si c'était hier, Christian raconte, vibrant encore d'émotion au souvenir de l'incroyable aventure des débuts : ayant découvert la décharge et décidé d'agir, il fallait trouver des moyens…

« Nous sommes partis en France où, avec quelques photos et notre indignation, nous avons expliqué l'inimaginable à nos familles et à leurs amis qui avaient, pour l'occasion, réuni leurs propres amis. Tous savaient que nous avions voyagé en Asie, en Afrique, mais ça, leur disions-nous, nous ne l'avions jamais vu.

« La plupart étaient déjà engagés, à gauche ou à droite, en Afrique, en France, contre le chômage grandissant. Le Cambodge, on ne connaissait pas bien. C'était un petit État sans pétrole, sans aucune importance stratégique. Pourtant, en tant que Français, on n'avait pas le droit d'être indifférent à ce pays avec lequel nous avions eu une vie commune de près de cent ans.

« À notre grand étonnement, le public semblait découvrir aussi les affreuses blessures laissées dans ce pays exsangue par le passage du régime khmer rouge.

« Au bout de deux mois, nous revenions avec une cinquantaine d'engagements de parrainage, un coup de main de la Fondation Follereau et du SIPAR, et une grande joie en pensant aux enfants que nous allions pouvoir aider.

« Nous avons commencé à arpenter Phnom Penh pour trouver de quoi recevoir nos premiers protégés, et fini par dénicher deux maisons côte à côte, bizarrement construites mais qui comportaient quatorze pièces ; le propriétaire était un Chinois (ils sont nombreux au Cambodge, dans les secteurs du commerce et de l'industrie surtout). Nous avons embauché deux professeurs et un couple de retraités, lui, ancien enseignant, ferait office de directeur et interprète et sa femme serait cuisinière. Tous cambodgiens, bien sûr.

« Était venue nous rejoindre une religieuse de la congrégation du Rosaire de Pont-de-Beauvoisin (Isère), Sœur Anne-Marie, qui avait beaucoup de mal à supporter toutes les souffrances des enfants sans en être profondément affectée, jusque dans sa santé. Passionnée de pédagogie, elle avait travaillé en France auprès d'enfants en difficulté scolaire. Avec elle, nous étions d'accord : les petits chiffonniers avaient tellement envie d'apprendre, il ne faudrait surtout pas les dégoûter. Et il importait que leur lieu de vie et d'école soit d'abord un lieu de joie. On y étudierait, bien sûr, mais aussi on y jouerait, on y danserait, on y chanterait. Il fallait leur faire oublier toute leur misère.

« Tout excités, attendant impatiemment la signature d'un Protocole avec le Gouvernement – car nous tenions beaucoup à nous mettre officiellement au service du pays – nous préparions l'accueil de nos premiers enfants.

« Et puis, cela a été le grand jour !

« Dans un vieux pick-up acheté d'occasion avec 300 000 kilomètres au compteur, nous étions allés chercher nos premiers pensionnaires. Une famille de sept enfants avec la maman qui serait aide-cuisinière et surveillerait les petits, tous dans un état de santé et une maigreur épouvantables, dormant sous les arbres et volant des légumes la nuit pour survivre. Nous ramenions aussi une fratrie de trois enfants abandonnés.

« Nous les suivions pour guetter leurs réactions tandis qu'ils découvraient, stupéfaits, une maison en dur. Nous reverrons toujours leur ahurissement devant ces grandes pièces, pourtant toutes vides, et cet objet inouï : un bouton pour allumer l'électricité, qu'ils ont passé des heures à éteindre et rallumer.

« Le plus émouvant, ce fut le repas. Quand nous avons apporté la première assiette de riz, les enfants l'ont placée au milieu du cercle, pensant qu'elle était le plat commun. Ils ont été ébahis d'avoir chacun une assiette pleine. Et nous les avons vus toucher interminablement les morceaux de poisson du dos de la cuillère, sans oser les manger : chez eux, ils n'avaient droit qu'à en sentir le goût. »

La maison était assez éloignée de la décharge, aussi Christian allait-il tous les matins remplir le pick-up d'enfants pour les amener à l'école. Marie-France se souvenait-elle de ce jour où son fiancé lui avait demandé si elle aimerait avoir des enfants ? Elle conduisait une voiture et avait répondu, en tournant la tête vers l'arrière : « J'en voudrais tout plein là-dedans » !

Vœu exaucé ! Ils s'entassaient partout, à l'arrière, et à l'avant. Et c'était tous les jours la même tristesse de refuser ceux qui n'étaient pas encore inscrits.

N'étant pourtant pas du genre dégoûté, Christian conduisait en apnée, prenant de temps en temps une bouffée d'air par la fenêtre, tellement l'odeur était forte. Il n'y a pas d'eau, sur la décharge, et on n'a pas les moyens d'acheter plus que la quantité nécessaire pour boire et faire la cuisine. Alors, on ne se lavait pas. Et, avec la chaleur forte, on transpirait énormément… Les enfants étaient pleins de maladies de peau et d'infections de toutes sortes. C'est pour cela qu'à PSE, la première des activités de la journée, après le repas, bien sûr prioritaire, reste la douche quotidienne.

Très vite, il a fallu deux trajets matin et soir.

Ayant peur que leur carrosse ne redevienne citrouille, les enfants l'attendaient toujours au moins depuis deux heures quand Christian arrivait.

Avec son interprète il passait une grande partie de son temps à aller d'une misère à l'autre, à remplir des feuilles d'enquêtes, à établir des priorités et des listes d'attente. Ils revenaient dégoûtants, les vêtements et la peau imprégnés de l'odeur écœurante de leur « lieu de travail ».

Alors a commencé le dilemme perpétuel de PSE. Devant

les demandes suppliantes des enfants, Christian revenait régulièrement de la décharge avec deux ou trois de plus.

« Ceux-là, si on ne les prend pas, ils vont mourir. Si je ne les avais pas pris, je n'aurais pas pu dormir le soir.

« Parfois, l'équipe grognait un peu. Sœur Anne-Marie se plaignait : "Ce n'est pas possible de recommencer les cours à chaque fois qu'il y a des nouveaux... Et puis, comment faire de la pédagogie avec des classes aussi nombreuses ?"

« Il fallut embaucher de nouveaux professeurs, se tasser dans les salles, changer les marmites... Au mois d'octobre, nous en étions à cent vingt enfants. Et devant l'urgence, nous nous étions engagés à en prendre cent trente de plus pour la rentrée suivante, au moins pour qu'ils soient nourris et soignés. Il fallait donc repartir en France pour trouver de nouveaux moyens. »

Ce départ, en novembre 1996, avait été la terreur pour les enfants. Papy et Mamie s'en allaient. Ils avaient beau promettre qu'ils reviendraient, tout allait s'arrêter. On allait retourner à la misère. Tout le monde pleurait. Il avait fallu les consoler les uns après les autres, leur jurer que ce n'était pas fini.

« Partis sous un soleil de plomb, se souviennent Christian et Marie-France, nous retrouvions la France en plein hiver. Ce fut une tournée dure et épuisante car nous avions froid dans notre camping-car Nain-Bus et les routes gelées du centre de la France étaient souvent dangereuses.

« Mais quelle merveilleuse surprise ! Nos amis s'étaient

mobilisés et en avaient mobilisé d'autres. Le vrai miracle de PSE commençait. »

Car le plus dur, dans cette chaîne de solidarité, c'est d'organiser une soirée, de trouver une salle gratuite, d'arriver à y faire venir ses amis. Cela suppose de passer mille coups de téléphone, de distribuer des tracts aux sorties des églises et des cinémas, de coller des affiches, d'essayer de faire participer les écoles, les associations, les paroisses, enfin, de harceler tout son réseau, au risque de se faire bien souvent « envoyer sur les roses ». Et puis, il y a le stress, quand on a accueilli les des Pallières pour le repas, préparé la salle, installé les chaises, monté l'écran et qu'arrivent les minutes qui précèdent la séance. Il n'y a encore que quelques personnes. Vont-ils venir ? « Ils nous avaient promis… Pourtant, on a fait un bel article dans le journal local et une émission de radio qui est passée trois fois… »

« Ce travail-là, dans l'ombre, souligne Christian, est beaucoup plus méritoire que celui qu'on fait sur le terrain, plus en vue, lui, et où, au moins, on a la récompense quotidienne de voir la transformation des enfants. Pourtant cette action discrète est bien la plus indispensable. »

Et il reprend le fil de ses souvenirs :

« Avril 1997. Ça y est, c'est gagné, nous avons de quoi accueillir deux cent cinquante enfants à la rentrée prochaine ! Dans l'avion, nous sommes tout excités. Le voyage est toujours un peu éprouvant mais, à l'arrivée à Phnom Penh, nous allions pouvoir nous reposer un peu. La tournée avait été fatigante. Ces veillées tardives tous les soirs pendant trois mois, ces centaines de kilomètres d'une séance à l'autre… Nous avions besoin de souffler un peu.

« En attendant nos bagages, nous entendons comme une rumeur de manifestation. Et puis c'est la sortie, et l'ovation de tous les enfants en uniforme, les embrassades. Nous ne pouvons nous empêcher de pleurer. Un beau chahut qui va devenir une habitude annuelle, et la curiosité de la journée, à l'aéroport. Comme si on accueillait un président, mais en plus décontracté. Nous nous empressons d'annoncer la nouvelle : on pourra accueillir deux cent cinquante enfants pour la rentrée!

« Le directeur a pris un air gêné : manifestement, il n'ose pas annoncer un souci. C'est très cambodgien, ça. Ne pas troubler la tranquillité de l'autre, ne pas gêner sa sérénité. Mais en arrivant au Centre, que nous sommes si heureux de retrouver, il finit par avouer : « Le Chinois ne veut plus de nous ici. Il trouve qu'il y a trop d'enfants. »

« Mais comment va-t-on faire? Il y a comme un coup de fatigue supplémentaire. Marie-France réagit : "Ce n'est pas possible, il n'a pas le droit de nous faire ça…" Les bras nous en tombent. Et comment trouver une location en avouant qu'il y a tant d'enfants?

« Au Centre, les enfants nous avaient préparé une grande fête. Mais la nouvelle gâche tout. Où va-t-on les mettre maintenant, tous ces écoliers et leurs futurs camarades?

« La course recommence. Il fallait, cette fois, une énorme maison mais la crainte que nous avions se confirmait petit à petit. Personne ne voulait nous louer en sachant que des centaines d'enfants allaient vivre là. Alors, petit à petit, nous nous sommes dit que la seule solution était d'acheter un bout de terrain et, puisque nous n'avions pas assez d'argent pour construire en dur, d'y mettre de simples paillotes.

« Et il fallait trouver près de la décharge. Comme cela, il n'y aurait pas besoin de ramassage et puis, là-bas, le terrain coûterait moins cher. Pas trop près non plus, pour ne pas être dans les mouches et les fumées.

« Des journées entières se passaient à chercher, dans la chaleur suffocante du mois d'avril. Et puis, un jour, on nous indiqua une petite rue de village, à un kilomètre de la décharge. C'était dans une zone presque inhabitée, au milieu des rizières. Il fallait aller vite car la rentrée était dans quelques mois, aussi une partie de l'argent que nous rapportions de France fut engagée pour acheter une de ces rizières.

« Nous ne savions pas dans quelle aventure nous étions engagés !

« Nous qui n'avions jamais été propriétaires, nous voilà, dès la signature de l'achat, en train d'arpenter notre terrain et de faire des plans de toutes sortes. Il fallait dix salles de classe en deux bâtiments. Mais il faudrait construire simple. Ce serait la maison cambodgienne, sur pilotis, en beaucoup plus long. Là, un bâtiment de 25 mètres, là, un autre, là, les cuisines, les douches, les toilettes. C'était juste mais cela tenait.

« Hélas, dès le lendemain, on nous prévenait que le voisin du nord exigeait un droit de passage et voulait nous enlever une bande de deux mètres de terrain. Des discussions sans fin, fatigantes, décourageantes avec cet homme qui contestait aussi les bornes posées par l'ancien propriétaire. Sous une chaleur torride, dans un pays où il n'y a pas de cadastre, comment prouver sa bonne foi ?

« Le voisin de l'est s'y met aussi. On nous dit que c'est un militaire armé et qu'il est méchant ! Et voilà que le service foncier de la ville veut récupérer plusieurs mètres au sud pour élargir la route. C'est à devenir fou. Nous sommes complètement démoralisés. Les plans sont remis en question. Comment arriver à loger les enfants sur la peau de chagrin qui nous reste ?

« Nous avons beau rappeler que nous venons pour aider les enfants, que ce n'est pas pour nous, rien n'y fait !

« Alors ont commencé, avec le chef de village cette fois, des heures de palabres interminables, des versements de bakchich aux uns, aux autres. Nous hurlions : "Mais vous vous rendez compte que vous prenez l'argent destiné aux enfants pauvres ?" Décidément, la guerre avait laissé ce pays moralement bien blessé ! C'était à désespérer. Et, en plus, impuissants, nous ragions de voir nos colères atténuées par la traduction.

« Enfin, après ces négociations difficiles, nous étions parvenus à un arrangement à peu près acceptable et avions alors, devant le chef de village, enfoncé profondément de gros pieux en béton sur le nouveau périmètre.

« Aussi, quand la nuit du surlendemain, certains poteaux se sont trouvés reculés de plus d'un mètre cinquante ("par le vent"...), nous avons, cette fois, piqué une énorme colère, rassemblé les autorités intéressées, retrouvé l'ancien tracé, menacé de tout laisser tomber et obtenu enfin gain de cause.

« Le voisinage se révélait malaisé : il fallait vite clôturer, alors que nous avions rêvé d'un Centre complètement ouvert sur le village...

« Mais nous n'étions pas au bout de nos peines. Dans

le coin où devait être construit le premier bâtiment, s'élevait une énorme termitière d'un mètre cinquante de haut. Impossible d'y mettre un pilier sans la supprimer. Et impossible, aussi, de construire en bois dans ces conditions.

« Nous avons donc demandé qu'on supprime cette termitière et qu'on creuse pour brûler ce qui en resterait dans le sol. De petits groupes de villageois se formèrent alors. Cela discutait ferme. On nous prévint qu'il n'était pas possible de supprimer la termitière. "Il y a un esprit qui habite dedans…"

« Il n'était plus question de construire à cet endroit-là et pourtant, il n'y avait pas d'autre solution. Nous avions bien envie de tout plaquer! Mais, pour les enfants qui attendaient, il fallait tenir le coup.

« Soudain, Marie-France eut une idée : "Est-ce qu'on peut demander à l'esprit d'aller habiter ailleurs?" Conciliabules. "Oui, on peut." "Alors, on le fait!"

« Bien sûr, cela supposait de payer une petite fête et d'offrir une tête de cochon et une main de bananes à l'esprit pour qu'il accepte de déménager.

« Grâce à l'aide financière d'un ami de Toulouse et de quelques autres, la construction pouvait enfin commencer. »

Dans un coin reculé du Centre subsiste, un peu oubliée, la petite maison des esprits où le génie du lieu s'est réfugié…

Mais d'autres vont s'avérer plus dangereux : début juillet 1997, en effet, une tension énorme règne dans Phnom Penh où les deux principaux partis s'affrontent. La menace couvait depuis des semaines mais, soudain, le conflit entre dans une nouvelle phase. Les milices des deux camps se provoquent. La population voit avec beaucoup d'inquiétude des militaires armés jusqu'aux dents à tous les coins de rue ou roulant en trombe sur de grosses motos. Marie-France constate qu'une mitrailleuse tient en enfilade toute une partie du boulevard Norodom, une des principales artères de la capitale. Christian aperçoit un char qui prend position sur le pont qui mène au quartier de la décharge.

« Le 5, Christian en a un souvenir précis, les canonnades commencent, vers l'aéroport. Et, ensuite, des bruits de mitrailleuses lourdes retentissent dans le centre de Phnom Penh.

« Notre propriétaire, qui habitait en dessous de chez nous, fonctionnaire de haut rang, avait l'air bien renseigné. De la cour, en bas, il nous criait : "Ce n'est pas grave, c'est loin de nous. Il n'y a aucun problème..." Il n'avait pas eu le temps de terminer que, dans un bruit assourdissant, un obus tombait dans la rue d'à côté. En une seconde, il avait disparu pour se mettre à l'abri avec sa famille...

« On essaie de prendre des nouvelles des uns et des autres, mais la plupart des lignes de téléphone sont en panne. Seule la télévision passe, en sous-titres défilants, les consignes de l'ambassade : surtout ne pas sortir de chez soi, et s'éloigner des fenêtres. Marie-France trouve tout à coup bien minces les cloisons de notre maison en bois qu'une balle traverserait facilement.

« Et puis – est-ce parce que nous sommes les aînés, ou parce que j'ai la réputation d'être "un ancien de la guerre d'Algérie" ? – nous avons vu venir se réfugier chez nous, petit à petit, des jeunes Français de différents coins de Phnom Penh. Chacun arrive avec des bribes de nouvelles. Cela chauffe du côté de la résidence du prince Ranariddh (chef d'un des partis en lutte) et sur le boulevard de l'aéroport. Nous réussissons à joindre au téléphone un ami qui raconte que le quartier résidentiel de Tuol Kork est en flammes. C'est la fuite panique à l'aéroport où les billets d'avion atteignent des prix invraisemblables.

« Seuls, et nous en étions un peu fiers, les Français n'avaient pas reçu la consigne d'évacuer.

« Dans notre maison, on s'installait pour passer le temps. Carnets de chants, guitare, jeux de cartes, leçons de khmer. Mais nous étions très inquiets pour les enfants que nous ne pouvions rejoindre, l'armée bloquant les rues. »

Le lendemain, 6 juillet, Christian et un ami tentent une sortie. Ils voient partout des militaires nerveux, passablement éméchés pour certains, très occupés à piller tout ce qu'ils peuvent. Ils ralentissent devant l'hôtel Intercontinental pour regarder un char transformé en « caddy », transportant des télévisions, des vélos, des frigidaires… et se font refouler par des soldats qui, pris en flagrant délit par des témoins gênants, jettent une grenade derrière leur voiture.

7 juillet. Les des Pallières ont quand même réussi à atteindre le Centre où la bibliothécaire, terrorisée, a rassemblé les enfants à l'abri et leur fait réciter des prières… En revenant, ils assistent à un exode des Phnom Penhois effrayés : cela leur rappelle certainement l'évacuation de la capitale, sous la férule des Khmers rouges, en avril 1975.

« Enfin, poursuit Christian, une délégation de trois

femmes et trois enfants de la décharge réussit, en faisant des kilomètres à pied pour contourner tous les barrages, à rejoindre notre maison pour nous appeler au secours. Là-bas, où on ne gagne que pour la survie quotidienne, on ne pouvait plus revendre les déchets arrachés aux ordures et plus personne ne mangeait. Il fallait absolument trouver le moyen d'y aller! »

Et puis tout se dénoua très vite. Ce fut la débâcle dans les milices et le parti du prince Ranariddh. Hun Sen avait gagné (il est toujours au pouvoir aujourd'hui) mais l'armée restait encore dans Phnom Penh, terrorisant et pillant pendant trois jours. Enfin, sur ordre du vainqueur, elle retourna enfin dans ses casernes.

Mais le mal était fait. Les investissements, qui étaient bien repartis dans le pays, et la confiance se trouvaient complètement sapés. Ils ne reviendraient pas avant longtemps.

« On pouvait sortir, maintenant, dans Phnom Penh et aller voir les dégâts, reprend Christian. L'ambassade de France avait reçu un obus, un autre était tombé contre la décharge. Dans la cour d'une ONG française, à côté de chez nous, les voitures étaient écrasées. L'aéroport, en reconstruction avec l'aide de la société Dumez, était dévasté et entièrement pillé. Quel gâchis!

« Tous les Cambodgiens rencontrés nous disaient avec étonnement : "Vous n'êtes pas partis, vous aussi?" Cela ne nous était jamais venu à l'idée. "Pas question, nous avons nos enfants cambodgiens ici!" "Merci, nous répondait-on, vous savez, depuis les Khmers rouges, nous avons tellement peur de nous retrouver entre nous..."

« Il est vrai que nous avions eu très peur pour les enfants, durant cette séparation sans nouvelles du Centre. Nous ne voulions pas revivre cela ; c'est de là que date notre décision d'habiter au milieu d'eux.

« Mais il fallait faire redémarrer le chantier, qui, bien sûr, n'avait pas avancé. Nous ne nous doutions pas de ce qui nous attendait encore !

« Avec ce qui restait d'argent après le remblaiement de la rizière, il fut décidé de prendre l'entrepreneur le moins cher. Un choix qui allait s'avérer terriblement coûteux !

« Quatre mois de bagarres journalières. Nous avions droit à des briques fendues, des planches de récupération, des huisseries qui ne résistaient pas au vent, des escaliers de travers, des toits qui fuyaient et surtout un chef de chantier complètement incompétent. Nous qui n'y connaissions rien, nous nous sommes retrouvés obligés de discuter directement avec un entrepreneur qui s'avéra être un escroc, hurlant ici, criant là, apprenant petit à petit les différentes qualités de bois, de ciment, de béton, faisant changer des marches trop étroites et dangereuses pour les enfants, des portes et fenêtres de guingois, des poutres déjà pourries… Assis sur un sac de ciment, je tentais de réconforter Marie-France : "Ne t'inquiète pas, on va y arriver !"

« Pendant ce temps-là, nous creusions aussi un puits et, malgré les promesses de l'ancien propriétaire, à près de 40 mètres nous n'avions pas encore atteint la nappe souterraine. L'eau de la ville, dans ce quartier excentré, il ne fallait même pas y penser. Mais comment, sans eau, ouvrir un Centre pour des enfants ? Elle finira par jaillir, la veille de la rentrée ! »

Alors quand, le 23 octobre, à huit heures du matin, ils

se sont retrouvés alignés dans leurs uniformes neufs, prêts à rentrer dans leurs classes, après avoir pris leur douche avec cette eau « miraculeuse », les 250 enfants n'ont sans doute pas compris pourquoi Papy et Mamie pleuraient à chaudes larmes.

Pendant le chantier, la vie avait continué dans ce qui allait bientôt s'appeler l'ancien Centre.

Les programmes se mettaient en place. On essaierait de suivre les directives officielles pour l'apprentissage de la lecture et de l'écriture khmères, du calcul, etc. Mais en rendant les cours plus ludiques, et en faisant participer les enfants par des manipulations, des jeux. Hélas, beaucoup d'amis des des Pallières en France avaient du mal à comprendre que c'était une école cambodgienne et non pas une école pour faire des petits Français. Alors, ils envoyaient, avec une grande gentillesse, des gros colis de livres… en français, dont on ne savait que faire.

« Au contraire, souligne Christian, il fallait permettre aux enfants de retrouver leur culture, leurs racines, c'est-à-dire leur identité. Cela les aiderait à se reconstruire.

« Et leur culture, c'était aussi le chant, le théâtre, la danse, les contes.

« Le théâtre. C'était devenu une thérapie. C'était si important qu'ils puissent exprimer toutes leurs souffrances. Ils étaient extraordinairement doués et, en un rien de temps, ils improvisaient dans des rôles qu'ils avaient réellement vécus.

« Et puis la danse traditionnelle. C'était extraordinaire! Ces enfants, qui arrivaient de la décharge où il n'y avait aucune éducation et aucune hygiène, auraient pu être vulgaires ; au contraire, avec une grâce infinie toute naturelle, ils devenaient des princes et des princesses dans leurs splendides costumes de danse.

« Pour l'école, le choix avait été fait de l'uniforme bleu et blanc commun à toute l'Asie, embelli pour les filles de petits liserés bleus autour du col Claudine et des manches ballons. Une discussion s'était engagée au Centre. Certains ne voulaient pas qu'ils emportent leurs uniformes à la maison. Ils les perdraient et les saliraient dans ces masures infectes. Ils devaient remettre leurs vieilles fripes de chiffonniers avant de rentrer chez eux le soir.

« Nous n'étions pas d'accord. Même s'il y avait un risque, les enfants avaient le droit d'être des écoliers comme les autres. Et puis, il y avait aussi la fierté de leurs parents !

« Depuis, c'est un des spectacles les plus surréalistes, mais tellement réjouissant, que de voir, matin et soir, ces enfants traverser la décharge en marchant sur les ordures, splendides dans leurs uniformes. Je ne me lasse pas de ce tableau…

« Ils découvraient qu'ils pouvaient être beaux, eux qui n'avaient jamais eu qu'une image repoussante d'eux-mêmes. Ils commençaient à se regarder dans les vitres ou dans les rétroviseurs du vieux pick-up, qu'il fallait toujours remettre en place quand on démarrait. Ils coiffaient longuement leur belle chevelure de geai, aussi bien les garçons que les filles. Ils commençaient, petit à petit, à ne plus avoir honte d'eux-mêmes et de leur corps.

« Le vendredi soir, le Centre fermait pour le week-end et les pensionnaires nous retrouvaient chez nous. Ils avaient voulu nous appeler "Pa" et "Maé", ce qui voulait dire "Papa" et “Maman”. “Ce n’est plus de notre âge”, leur avions-nous répondu. “Appelez-nous plutôt ‘Papy’ et ‘Mamie’.” Cela ne voulait rien dire en khmer mais cela leur convenait bien. Et ce nom s’est répandu partout. C’est même ainsi que la Reine Monineath nous appelle maintenant. »

Les progrès des enfants sont extraordinaires, leur envie d’apprendre, la manière dont ils se transforment. Et puis leur joie. Christian ne se lasse pas d’évoquer ces souvenirs :

« Une des choses qui les étonnaient le plus, dans le Centre, c’était le droit de jouer. Sur la décharge, ils ne l’avaient jamais eu sans risquer de se faire battre par leurs parents. Au début, pendant les récréations, ils étaient même gauches, n’osant pas croire qu’ils pouvaient s’amuser. Un adulte allait certainement les arrêter, leur faire des reproches…

« Et puis après, ç’avait été le défoulement. Il y avait tellement de retard, on avait tellement à rattraper. »

Cette joie étonnait les visiteurs. La femme de l’ancien ambassadeur, qui venait voir le Centre et s’était perdue à plusieurs centaines de mètres de là, était arrivée en disant : « Je me suis laissé guider par le bruit du rire des enfants. » D’émotion, Christian l’avait embrassée : « Vous ne pouviez pas nous faire un plus grand compliment ! » Les visiteurs d’aujourd’hui ont la même impression…

Ce que commentent ainsi les des Pallières : « Quand nous avions créé l’association, nous nous étions dit que si, pendant notre retraite, nous pouvions ramener le sourire sur le visage d'un seul enfant malheureux, nous n'aurions pas perdu notre temps. Oui, pour un sourire, pour un seul même, cela valait le coup. D'où le nom de l'association. Là, nous commencions à en avoir des centaines, et c'était loin d'être fini... »

Parmi les enfants, pour n'en citer que quelques-uns, il y avait Phirom, petit bonhomme malicieux, dessinateur et clown. Il y avait Srey Nga, tellement gracieuse et douée aussi bien pour la danse traditionnelle que pour le sport. Il y avait Sophoan, volontaire mais avec un caractère ombrageux. Phâlly, petite bonne femme de cinq ans, haute comme trois pommes, avec son visage tout rond et ses yeux bridés à la chinoise, tellement drôle. Et tant d'autres, si attachants, qui ont marqué dans l'histoire de PSE.

V

UNE CROISSANCE « BANANIER »

Après ces débuts mouvementés – sur lesquels Christian aime s'attarder car ce sont les fondations de PSE – et grâce à l'aide d'un grand nombre de personnes, les choses vont aller très vite.

Ils étaient une dizaine d'enfants inscrits sur la première liste d'urgence. Début 2005, dix ans après, leur nombre est passé à... quatre mille. Seul le bananier, de tous les arbres tropicaux celui qui donne le plus rapidement des fruits, connaît une croissance aussi rapide que PSE !

Que voulaient les premiers enfants apeurés et maigres, abordés sous les nuages de mouches de Stung Mean Chey ? D'abord, de quoi manger. D'où l'invraisemblable pique-nique organisé chaque matin, à six heures et quart, par Christian et Marie-France. C'est à vélo qu'ils ont commencé à faire chaque jour à l'aube le trajet, puis dans une camionnette vétuste, qui permet d'apporter jusqu'au milieu de la décharge une marmite de riz et de poisson, de l'eau et un régime de bananes. Les enfants ont choisi l'heure et le lieu du repas : au début de leur journée de travail, près de l'endroit où arrivent les camions d'ordures, pour ne pas perdre de temps. Ils mangent vite, assis sur des nattes posées à même les détritus, habitués à l'odeur insoutenable qui imprègne aussi leurs vêtements sommaires. Ensuite, Marie-France essaie de soigner les pieds écorchés, les coupures, les furoncles, mais quels pansements tiendraient dans l'infect marécage où les enfants sont déjà repartis, avec leur crochet à la main ?

Manger. Étudier aussi. Ce sont eux qui ont demandé à apprendre à lire et à écrire ; les réticences sont venues des parents qui ne peuvent se passer de leurs gains. Très vite, il faudra organiser un système de compensation : du riz contre le temps des enfants. Aujourd'hui, le Programme alimentaire mondial fournit trois cents tonnes de riz par an, la moitié de ce qui est nécessaire aux familles et aux centaines de milliers de repas servis au Centre chaque année. Dans les débuts de PSE, les des Pallières achetaient, sur leurs deniers, des sacs de vingt kilos au marché…

Et l'école ? Pour organiser l'enseignement, Marie-France, toujours méthodique, a identifié, cas par cas, trois groupes parmi les petits chiffonniers : certains ont été scolarisés dans les écoles du voisinage, où ils sont mal vus des enseignants et méprisés par leurs camarades, en raison de leur saleté et de leur pauvreté, qui ne leur permet pas de verser la contribution exigée des familles pour compléter le maigre salaire des maîtres. La plupart ont donc abandonné, bien qu'ils aient un niveau presque normal. PSE pense pouvoir aider à rescolariser ce premier groupe, dans les écoles communales, grâce à son soutien financier et scolaire. C'est en effet aujourd'hui le plus gros contingent des enfants aidés.

D'autres ont un retard important. C'est pour eux que se crée le centre de rattrapage, une école pilote dont la ville de Phnom Penh est maintenant fière au point d'avoir décerné sa médaille d'honneur aux fondateurs. Le centre permet aux enfants de rattraper et même de dépasser le niveau scolaire normal. La réussite aux examens le prouve chaque année.

Pour d'autres enfin, âgés de quatorze ans et plus, il est trop tard pour entreprendre une vraie scolarité. Dès le début, PSE pose la question de la formation professionnelle, qui sera réalisée plus tard, mais, en attendant, se propose d'offrir à ces « grands » une initiation à la lecture et à l'écriture et de chercher pour eux des possibilités d'apprentissage.

Grâce à la compensation donnée aux familles en échange du travail de leurs enfants à l'école, rares sont les échecs : par exemple, des enfants qui disparaissent brusquement, repris par les familles qui les font travailler pour résoudre un problème financier immédiat. Ou, parfois, des vols, des violences. Ou encore quelques enseignants qui trahissent la confiance des des Pallières, une épouvantable déception…

Dix enfants donc, fin mai 1996, cent vingt à la fin de la même année, deux cent cinquante à la rentrée 1997. Cinq mille sans doute bientôt! Cela deviendra la routine à PSE de doubler tous les deux ans ses effectifs : la petite association familiale s'est transformée en une véritable ONG. Aux premiers bâtiments se sont ajoutés une vingtaine d'autres, l'effectif des collaborateurs khmers dépasse aujourd'hui trois cents personnes. Entre les enfants présents au Centre et ceux qui sont scolarisés dans les écoles extérieures, les familles aidées, ce sont près de 5 000 personnes que touche déjà l'action de PSE.

« Si l'un de nous n'était pas allé chaque jour sur la décharge, dit Christian, nous aurions pu limiter le nombre des enfants en augmentant plutôt la qualité des équipements. Mais nous ne pouvions oublier que des centaines de petits chiffonniers attendaient, tout aussi malheureux que ceux que nous avions sortis de cet enfer… Ils étaient sous nos yeux, dans notre cœur. »

C'est le petit Sambol : « Mon père est presque aveugle, ma mère boit beaucoup d'alcool et nous bat souvent. Nous sommes huit frères et sœurs, et nous ne pouvons pas aller à l'école. Nous travaillons dans les poubelles de la ville, très tôt le matin. Notre cabane en bois n'a plus de murs car papa a vendu les planches. Il ne reste que le toit et le plancher. Comment va-t-on faire avec la mousson qui arrive ? »

Mêmes inquiétudes pour la petite Sany, que son père envoie la nuit à l'abattoir, pour ramasser des morceaux de graisse de porc, pour Sinoun, qui pleure en montrant les cicatrices qui labourent son front, sa poitrine et son dos : « Devant, dit-elle, c'est mon père et derrière, c'est ma mère. » Elle vit avec eux, malgré leur violence, dans un sinistre hangar abandonné, ayant peur de s'endormir sur la décharge depuis qu'elle y a vu, une nuit, un enfant agoniser, la tête écrasée par un camion.

Ce sont ces drames qui, aujourd'hui comme il y a dix ans, galvanisent les énergies de tous ceux qui travaillent à PSE et repoussent sans cesse les limites de leur action.

« C'est le mois d'août qui est à la fois le plus difficile et le plus formidable, explique Marie-France, assise comme d'habitude derrière le clavier de son ordinateur aux connexions intermittentes. En effet, nous sommes en tournée en France à partir d'avril, avec juste cinq à six jours pour faire le tour de nos enfants et petits-enfants "biologiques", avant de repartir fin juillet. Déjà, nous savons qu'en fonction du nombre des nouveaux parrainages recueillis, nous allons pouvoir intégrer des dizaines et parfois même des centaines d'enfants en plus. Au fur et à mesure, nous avons prévenu le Centre, avec qui nous sommes constamment reliés par internet. Mais quand nous débarquons de l'avion, tout le monde est en vacances et nous n'avons que quelques semaines pour préparer la rentrée. C'est-à-dire presque tout reconstruire. »

Ouvrir de nouvelles classes. Coordonner l'utilisation des salles. Trouver de la place pour le matériel. Minuter le déroulement des séances de sport… et des passages aux toilettes. Augmenter la capacité de la cantine. Faire coudre de nouveaux uniformes. Commander des fournitures. Combiner les emplois du temps de plus de deux cents enseignants, un casse-tête sur lequel Marie-France passe des nuits. Quant à Christian, l'œil à tout – car son équipe a bien travaillé durant la tournée en France mais il veut se rendre compte par lui-même – il préside à l'embauche de nouveaux collaborateurs.

Car PSE est devenue une véritable entreprise, avec ses professeurs, ses médecins, ses cuisinières, etc. Tout cela avec un budget qui ferait sourire une vedette du football !

« Et c'est si petit, soupire Christian, par rapport à l'immense détresse des enfants… »

Et de citer le dernier rapport de l'Unicef : sur les 192 pays recensés, le Cambodge se classe parmi les plus touchés par la malnutrition, dont souffrent 45 % des enfants, et par le manque d'eau potable et d'accès aux soins sanitaires pour 66 % d'entre eux. Conséquence de ces tristes records, le Royaume est un des pays connaissant le plus fort taux de mortalité des moins de cinq ans, avec 140 morts pour 1 000 enfants, taux qui a, hélas, augmenté de 22 % entre 1990 et 2003.

« Quand on vit au milieu de tout cela, ajoute Christian, on se sent désespérément petit et angoissé de ne pas pouvoir en sauver davantage. » Et il fulmine : « On ne peut se satisfaire et se donner bonne conscience en en restant là ! »

En dehors des « expatriés », une dizaine actuellement, spécialistes français et suisses, tous les collaborateurs de PSE sont des Cambodgiens, « choisis selon deux critères : la compétence et l'amour des enfants », que ce soit pour les diplômés ou pour les bénéficiaires des « emplois sociaux », postes de travail confiés à des parents en difficulté.

« Moi, dit ainsi sans forfanterie aucune M. Raing Sey, le jeune responsable du Bureau des Entreprises, j'ai réussi. Je veux aider d'autres enfants pauvres à faire la même expérience. »

Son histoire est une touchante *success story*, marquée par le courage et par la chance. « Je suis né, raconte-t-il, dans un village minuscule, mais situé dans la forêt près des temples d'Angkor. Tout petit, je courais derrière les bus de tourisme car je m'étais mis dans la tête d'apprendre l'anglais. Je me proposais comme guide, et c'était mon école de langues étrangères ! Mais je suis devenu orphelin et j'ai dû gagner ma vie à douze ans comme serveur dans un restaurant. Un jour, un couple de retraités américains, des touristes, m'a demandé pourquoi je n'étais pas à l'école. Je leur ai expliqué et je les ai emmenés visiter mon village. Ils ont alors décidé de sponsoriser mes études, jusqu'à l'Université. Et ils l'ont fait, venant même plusieurs fois de Floride jusqu'au Cambodge pour m'encourager ! »

Raing Sey, licencié en droit et économie, a succédé à Capucine, une jeune Française, créatrice, en 2002, du Bureau des Entreprises : celui-ci a pour but l'orientation aussi précise que possible des jeunes de PSE vers une formation professionnelle puis leur placement dans le monde du travail. Remarquablement investi dans sa mission et le développement de son service, Raing Sey, qui travaille en binôme avec une autre Française, a aujourd'hui douze collaborateurs : neuf Khmers et deux expatriés. Une ascension « bananier » qui n'a rien d'exceptionnel à PSE où préparer l'avenir, c'est aussi responsabiliser et fidéliser les jeunes hommes et femmes qui adhèrent à l'esprit de l'entreprise. Sa « khmérisation » totale est un des objectifs que le conseil d'administration a fixé à PSE, et qui semble pouvoir être atteint dans les années qui viennent.

« Nous prendrons alors notre retraite », dit Christian, en montrant (sans conviction…) la maison d'hôtes, construite, paraît-il, pour abriter ses vieux jours. « Je me vois bien rester là, tranquille, à raconter aux enfants les contes des villages que j'avais recueillis au temps du SIPAR mais, surtout, à les écouter. Ils en ont tellement besoin pour se guérir et, actuellement, nous avons vraiment trop peu de temps pour cela. Cela sera merveilleux ! » Une évocation touchante, mais peu crédible pour le moment…

VI

UN VENDREDI COMME LES AUTRES

Six heures trente. Les coqs du voisinage s'égosillent depuis un bon moment déjà. Deux larges portails, aux extrémités du Centre, s'ouvrent sur une marée d'enfants venus à pied (une heure de marche parfois), en vélo ou derrière un des moto-dop qui remplacent les taxis dans une ville dépourvue de transports en commun ; ces petites cylindrées japonaises portent jusqu'à trois adultes et deux enfants, virevoltant dans une circulation totalement anarchique. Et le casque n'est obligatoire qu'à PSE…

Au passage, les enfants lancent un salut au gardien, un mutilé de guerre (les mines antipersonnel ont porté le Cambodge au premier rang mondial pour le nombre de personnes handicapées…). Et devant l'École hôtelière, dont le balcon fleuri surplombe la cour d'entrée, un autre grand bonjour aux clients de l'hôtel d'application, ravis de servir de cobayes aux élèves.

Le petit-déjeuner est servi aux enfants ; comme tous les repas, il comporte du riz et des légumes, auquel on ajoute des morceaux de viande ou de poisson. Les goûters du matin et de l'après-midi se composent de pain et de fruits. Chaque enfant se lave les mains avant d'aller prendre son assiettée puis tous se douchent selon la méthode cambodgienne : debout dans une vaste salle ouverte, drapé dans le *krama* (large écharpe aux multiples usages) on puise l'eau des bassins avec un récipient en forme de casserole, le *phtel,* et on s'inonde consciencieusement avec force rires et éclaboussements. C'est aussi le moment où chacun lave un de ses deux uniformes qui, une fois sec, sera gardé au Centre et redistribué le lendemain matin. Heureusement, le château d'eau, alimenté par quatre forages, permet une réserve suffisante pour toute cette quantité d'eau utilisée d'un coup chaque matin.

Huit heures moins le quart : cérémonie du Drapeau. Comme dans toutes les écoles du Cambodge – et de beaucoup d'autres pays – le lever des couleurs est un moment solennel, et obligatoire. Groupés par classes, au garde-à-vous devant le mât où flotte l'oriflamme bleu et rouge, frappé de la silhouette du temple d'Angkor Vat, les enfants chantent l'hymne national. Christian a remplacé la devise martiale clamée à la fin de la cérémonie par le mot : Paix.

C'est le moment des nouvelles : on salue de nouveaux visiteurs, on fait part d'événements survenus dans les familles, on annonce la prochaine fête ou une sortie, des succès aux examens ou dans des compétitions sportives. Puis chaque groupe se dirige vers sa classe, avec un calme et un entrain qui stupéfient immanquablement les enseignants venus de France.

Voici le niveau 1, qui correspond à notre cours préparatoire et ne durera que jusqu'à fin février. « En effet, dit avec fierté M. Tong Run, le directeur du centre de rattrapage, depuis les débuts de PSE les enfants font deux années en une. Contrairement aux écoles publiques, en effet, nos locaux et les salaires des professeurs nous permettent d'avoir cours toute la journée ; et puis les enfants sont si avides d'apprendre et ont tellement de retard… »

Les sandales forment un monticule à la porte. Il y a une quarantaine d'enfants dans cette classe, étouffante malgré le ventilateur. Presque tous viennent de la décharge, pour apprendre à lire et à écrire – compter, ils savent déjà ! Au moins jusqu'à 4 000 riels, leur gain d'une journée. Au mur, le portrait de l'ancien souverain, Norodom Sihanouk : les photos officielles du nouveau roi, son fils Norodom Sihamoni, ne sont pas encore prêtes et puis « Monseigneur Papa » est toujours entouré de vénération par le peuple. Sa femme, la reine Monineath, n'a-t-elle pas aussi visité le Centre en 2001 et reçu au palais une délégation de petits chiffonniers ?

L'instituteur n'a ni siège, ni estrade ; il dessine au tableau noir les jolies lettres dodues de l'alphabet khmer tout en montrant les dessins correspondants, simplement coloriés. Les enfants sont assis en tailleur sur le plancher, le livre de lecture sur les genoux.

Pourquoi des conditions de travail si spartiates, jusque dans les grandes classes ? « C'est un choix, explique le directeur ; nous voulons que le succès de nos élèves ne soit pas imputable à des équipements venus de l'occident mais plutôt à des méthodes pédagogiques que n'importe quel instituteur de village pourra reproduire dans son école en plein air. » On investit donc plus à PSE dans la formation permanente et la motivation des maîtres que dans du matériel sophistiqué. Même si, dans une pièce voisine, plusieurs ordinateurs et une impressionnante collection de cassettes et de CD sont à la disposition des professeurs. Contradiction ? « La génération des jeunes qui enseignent aujourd'hui a été mal préparée à son métier, répond Christian, et ils reconnaissent eux-mêmes leurs lacunes dans certaines matières. Beaucoup d'élèves ont aussi subi de telles carences qu'ils ne sont pas capables de concentration et d'efforts intellectuels soutenus. D'où l'usage des moyens audiovisuels, qui facilitent l'apprentissage. Ils nous sont très utiles aussi pour les cours d'astronomie ou de biologie car les images réelles, les films, mieux que tous les discours, peuvent battre en brèche les idées fausses et les superstitions… »

Dans un autre vaste bâtiment, c'est l'heure de la classe de danse de Mme Keo Chan Thân pour des enfants du niveau 3. Tous ont choisi un enseignement artistique : musique, théâtre, dessin ou danse traditionnelle. Ce matin, le professeur montre comment draper, plisser et nouer une pièce de soie colorée pour en faire un élégant costume de scène. Au sol, garçons et filles exécutent en chantant des mouvements du dos et des membres. L'assouplissement des articulations des doigts, le plus douloureux des exercices, ne fait que commencer pour eux mais, dans la salle voisine, trois grandes répètent une procession d'offrandes plus élaborée, figure imposée dans les cérémonies de mariage. Légèreté, équilibre, harmonie, et ce sourire à la fois gracieux et lointain sur les lèvres : difficile d'imaginer que ces *devatas* (déesses) sortent d'un tas d'ordures !

Eksina est leur modèle : elle a été admise voici trois ans

à la prestigieuse École royale des Beaux-Arts, dont l'imposant corps de ballet se produit même à l'étranger. Peut-être prendra-t-elle un jour la relève de Mme Keo Chan Thân; en fille toute dévouée à sa mère, une veuve méritante qui tient une échoppe sur le campus de l'Université, Eksina ne veut pas s'éloigner pour des tournées lointaines et se destine à l'enseignement. À dix-sept ans, elle travaille la danse tous les matins et retourne à l'école l'après-midi pour suivre les cours du niveau 8.

Récréation. Longues libations aux robinets d'eau potable, corde à sauter, jeux de balle et parties d'échecs à l'ombre. Pas pour tous les élèves : c'est le moment où les sept filles du Groupe d'Écoute ouvrent leur bureau des confidences. Lim, élève de terminale, est l'une des fondatrices de ce groupe, créé il y a trois ans. « Nous avons vu qu'il y avait beaucoup d'enfants tristes, qui avaient des problèmes et nous avons voulu faire quelque chose pour eux. On a pensé qu'il fallait parler de ses problèmes pour pouvoir les résoudre et nous sommes sept amies sérieuses qui avons décidé d'écouter ceux qui ont besoin de parler. C'est secret; ils peuvent nous faire confiance. »

La méthode imaginée par le SOS Amitié de la récré est pleine de délicatesse et de bon sens.

« Dans notre pays, précise Lim, les gens sont très timides, surtout les garçons. Alors quatorze yeux sur eux, c'est trop! Ils peuvent choisir deux ou trois filles à qui parler pendant les temps libres. D'abord, on écoute. Mais cela arrive qu'une élève ait trop de chagrin et se mette à pleurer. On la laisse pleurer un moment, jusqu'à ce qu'elle trouve du courage pour parler. Quelquefois, l'enfant est encore trop nerveux, alors on lui donne du papier et des crayons pour qu'il dessine les mauvaises choses qu'il a dans la tête et on va jeter le papier ensemble à la poubelle.

« Souvent, on note le problème et on dit à la fille ou au garçon de revenir le lendemain. Cela nous permet de réfléchir et de demander conseil à quelqu'un du service social, ou à Papy et Mamie. Mais il y a aussi des professeurs qui nous signalent des enfants qui ne vont pas bien pour que nous les invitions à venir nous voir. Nous sommes heureuses quand nous trouvons une solution ; quelquefois nous sommes si touchées par la douleur d'un enfant que nous restons avec lui pendant les récréations et les repas, jusqu'à ce qu'il aille mieux. Nous aimons beaucoup ce travail. »

Les cas présentés aux sept conseillères concernent, bien sûr, les relations amoureuses entre adolescents (« Elle l'aime, il ne la regarde même pas. » « Il croyait qu'elle l'aimait et elle préfère son meilleur ami… ») mais surtout l'effroyable violence familiale qu'ils subissent, impuissants, et qui les mine. Lim est une des rares élèves de PSE à n'avoir pas connu, sinon la misère, du moins la maltraitance et la mésentente des parents. Avec une vraie compassion, qu'elle puise également, confie-t-elle, « à la pagode et à la messe », elle met tout son cœur à aider les enfants victimes d'adultes, les pères surtout, féroces et inconscients. Des enfants sans amour et qui, de façon déchirante, pleurent souvent plus tristement sur leur mère battue que sur eux-mêmes.

Lim deviendra-t-elle psychologue ? Il semble qu'elle ne connaisse pas ce métier et ait opté pour… la comptabilité.

On frappe le gong (en fait un sonore essieu de voiture !). Deuxième session d'études. L'école primaire, le collège et le lycée suivent les programmes officiels, avec des cours renforcés en français et aussi en anglais, une langue qui gagne du terrain dans toute l'Asie et jusqu'à ces bastions de la francophonie qu'étaient les pays de l'ancienne Indochine.

On étudie, bien sûr, l'histoire du Cambodge et de la région mais les professeurs ont à cœur d'ouvrir l'esprit des élèves sur d'autres civilisations, d'autres cultures. L'un d'eux, enseignant en première et terminale, plaide pour cette éducation globale : « Nous sommes un bien petit pays (NDLA : un tiers de la France), entouré par de puissants voisins, comme le Vietnam et la Thaïlande, et nous dépendons largement de l'aide internationale. Si nous voulons que nos enfants jouent un rôle dans l'avenir de leur patrie, il n'est pas trop tôt pour leur donner des informations et des éléments de comparaison avec d'autres nations. »

Midi. Les dizaines de cuisinières aux coiffes de marmitons apportent le repas au comptoir où les élèves se succèdent en bon ordre. Chacun a en main sa cuillère, le bien le plus précieux pour un Cambodgien, le seul objet que les Khmers rouges n'avaient pas osé nationaliser. On s'installe au pied des arbustes, à l'ombre de longues paillotes, autour de tables de bois qui servent aussi pour les études et les travaux pratiques, dans les rez-de-chaussée ouverts, partout où l'on peut se protéger des pluies de la mousson comme du soleil aveuglant. C'est également là que se passe la sieste, chaque enfant déroulant son *krama* sur le ciment. Ils s'endorment vite : ils se sont levés très tôt ce matin, certains ont travaillé la nuit sur la décharge, conduit en vélo leur mère au marché pour vendre des mangues ou quelques gâteaux avant de revenir par de mauvais chemins jusqu'à l'école.

Mais sous le grand préau, prolongé par des auvents de toile, on s'affaire pour installer une estrade et une sono puissante. Vendredi, c'est le cours de morale, deux heures animées par Christian-Papy, qui ne céderait son rôle pour rien au monde, aidé de Pich, son adjoint cambodgien, devenu presque son fils spirituel et souvent son traducteur, car le khmer de Papy n'est pas à la hauteur de son éloquence…

Au Cambodge, dans les petites « écoles de pagode », lieu de formation traditionnel des garçons de la campagne, comme dans les établissements scolaires en ville, la morale constitue un enseignement de base, matière obligatoire dans tous les examens (même lorsque les épreuves sont entachées par la corruption de surveillants et examinateurs…). Elle emprunte au code d'honneur traditionnel et aux préceptes de la sagesse bouddhique, combinés avec des éléments de savoir-vivre et des rudiments d'instruction civique ; mais, à PSE, le cours de morale est d'abord l'occasion de faire passer des messages essentiels à l'ensemble des élèves rassemblés, petits et grands, et de faire vivre aux enseignants un exercice de pédagogie délicat. Aussi cette séance hebdomadaire tient-elle à la fois du show et de la psychothérapie, de l'exorcisme collectif et de l'examen de conscience, en évitant ce qui pourrait rappeler les séances d'endoctrinement politique d'un passé encore brûlant.

Dans ce pays où les Khmers rouges avaient éradiqué toutes les valeurs de la société traditionnelle, la population a perdu tout repère moral.

« Il ne s'agit pas seulement d'enseigner mais aussi de refaire les cœurs, commente Papy, car les familles déstructurées et violentes, dans lesquelles vivent la plupart de nos enfants, ne peuvent pas être un modèle. Il ne s'agit pas seulement de leur donner un métier mais de les aider à créer les familles heureuses qu'ils n'ont pas connues et auxquelles ils aspirent tellement. Et puis, dans les métiers auxquels ils se destinent, l'honnêteté, la régularité, la ponctualité sont des qualités indispensables alors que, pour survivre, un petit chiffonnier a bien souvent appris à voler. »

Impressionnant à regarder ! On ne pourrait imaginer cela en France : 1 400 enfants assis en lotus, écoutant, et participant grâce à sept micros baladeurs. « Il faut que ce soit interactif. Ce n'est pas nous qui enseignons la morale, ce qui serait bien ennuyeux. Ce sont eux qui doivent redécouvrir les règles pour vivre heureux ensemble. »

Aujourd'hui, Papy évoque d'abord le thème du vol, la disparition de *kramas* et autres objets ayant mis le sujet à l'ordre du jour : « Après tout, pourquoi ne pas prendre les affaires des autres si elles nous plaisent ?.. Si vous voulez, à partir de demain, nous allons autoriser le vol au Centre ! »

Moment de flottement, regards interrogateurs… Et puis des mains se lèvent.

Christian est ravi de voir les enfants exprimer eux-mêmes les inconvénients de sa proposition !

Avec l'aide du professeur de théâtre, la séquence suivante traite de la violence – un thème décidément très présent… L'assistance vibre, crie ou éclate de rire devant l'évocation par un groupe d'élèves d'une scène de ménage musclée dans laquelle figurent aussi les enfants apeurés, la tante éplorée, le voisin pusillanime et le policier intègre, qui dénonce les méfaits de l'alcool et recommande le respect de la femme.

Après ces saynètes naïves mais efficaces, Christian lance le débat sur le mariage, la vie familiale ; il permet aux enfants de donner leur avis et surtout d'exprimer leurs peurs et leur immense besoin de protection, d'affection. Sur un grand tableau, un professeur écrit les mots-clés, note les idées, souvent candides : réunir les mauvais parents pour leur donner des conseils, fabriquer des affiches contre l'alcool, le jeu, nommer des responsables « anti-bagarre » dans les villages… Avec une étonnante indulgence, les enfants ne condamnent pas les adultes violents ; ils leur trouvent généralement une excuse dans le fait « qu'ils n'ont pas reçu une bonne instruction ».

On inscrit cependant en énormes caractères un numéro de téléphone d'urgence : c'est celui du portable que les des Pallières gardent sur leur table de nuit. Et qui sonne, hélas, souvent.

Au premier rang, sous le préau bruissant de questions, d'exclamations et de conversations passionnées, certains petits se sont endormis. Mais, accroupies derrière la haie de bougainvilliers, un groupe de couturières n'a rien perdu de la leçon. Et, sur le chantier du nouveau bâtiment, les manœuvres ont curieusement ralenti leurs allées et venues…

La semaine prochaine, le cours de morale traitera de l'éducation sexuelle, difficile à aborder en petits groupes. Il y sera largement question du sida, un des fléaux qui ravagent le pays et dont les enfants ont presque tous pu constater les dégâts dans leurs familles.

Mais pour l'heure, c'est le « Drapeau » du soir, suivi de l'étude pour les élèves du Secondaire et ceux de la Formation Professionnelle. Puis le départ. Vendredi : le grand hangar de stockage du riz est ouvert. Ce sont souvent les enfants qui rapportent fièrement à la maison le sac qu'ils ont « gagné » en étudiant.

Vendredi. Pas de classe pendant deux jours. Franchissant le grand portail qui ne retient que les pensionnaires, ils s'éloignent dans une joyeuse bousculade, comme tous les écoliers du monde. Mais ceux-ci, comment ne pas redouter que, dès ce soir, ils ne troquent leur cartable contre un ignoble sac-poubelle? Et lundi, combien manqueront à l'appel? Non seulement au Centre mais dans les autres écoles où, de plus en plus nombreux, sont désormais inscrits des « enfants PSE ».

Les pensionnaires, elles, se regroupent près du grand bâtiment où elles ont leur dortoir : pour chacune un petit placard, une natte sous de vastes moustiquaires collectives et l'inévitable peluche ou poupée qu'elles affectionnent. Au rez-de-chaussée, Christian et Marie-France occupent une chambre-salle à manger et un bureau (qui sert de salle de réunion pour le briefing du matin avec le directeur administratif, de bureau pour Marie-France et de pièce de réception, où défilent chaque jour collaborateurs, visiteurs, enfants et parfois voisins, tel ce couple qui ne voulait divorcer qu'en présence de Papy!). Le soir, on y trouve souvent une pensionnaire venue faire ses devoirs au calme ou chercher un médicament et surtout un câlin.

Après leur dîner, sous la houlette du gentil Cheat, le professeur d'audiovisuel qui, depuis la mort de sa mère, habite sur place, à la fois surveillant, animateur, chauffeur et grand frère, c'est la prière et les projets pour le week-end : séance de cirque offerte par le Centre culturel français, partie de pêche sur les bords du Mékong, achats au marché avec l'argent de poche de la semaine auquel s'ajoutent les primes de bonnes notes, dont Mamie tient un compte scrupuleux… Les plus grandes des pensionnaires sont parfois invitées par les jeunes expatriées qui ont des logements en ville : au programme, restau, cinéma et papotage ; pendant 4 à 5 jours du mois d'août, elles découvriront ensemble les plages du sud ou des sites pittoresques dans les provinces. Et chaque année, un voyage d'études conduit les terminales aux sources de la grandeur khmère, dans la région d'Angkor.

La nuit est tombée. Après une partie de pétanque – un sport national au Cambodge ! – le veilleur de nuit, un policier ami du gardien, a installé son lit pliant sous le préau. Le dernier écran de télévision s'éteint à l'hôtel. Seule brille encore la lampe du bureau où Marie-France refait pour la sixième fois le programme de la prochaine tournée. À côté, devant une bière, Christian cisèle un article pour le petit journal de PSE, lien précieux avec le réseau français, élaboré, mis en page, illustré et expédié trois fois par an depuis ce petit bureau.

VII
SACRÉS GOSSES

Ce vendredi soir, comme tous les soirs, c'est la même émotion pour Marie-France et Christian. « Il est rare, disent-ils, que nous manquions ce spectacle : cette masse d'enfants joyeux qui se dirige vers la sortie en passant devant notre fenêtre, défilé qui semble n'en plus finir. Entre nous deux, c'est toujours la même phrase : “Tu te rends compte ?.. C'est impressionnant, toute cette foule ! Et comme ils sont devenus magnifiques !” Tout ça parce qu'un jour, nous avons reçu dix enfants… »

Et puis, peu à peu, la poussière soulevée et le calme retombent sur le Centre. Il ne reste plus que les pensionnaires. Elles sont soixante, en ce moment.

« C'est notre famille et elles n'ont plus que nous. Alors, toutes les raisons sont bonnes pour venir passer un moment dans notre chambre qui ne désemplit plus jusqu'à l'heure du repas et de la douche du soir.

« Nous avons l'impression de revivre en même temps toute notre vie de couple avec ses différentes étapes.

« Celle des petits bébés, avec Sarome et Sarane ou la petite Marie handicapée qu'on nous apporte dans les bras.

« Celle des enfants chahuteurs qui envahissent la chambre comme une volée de moineaux pour chercher le biscuit ou le bonbon rituel, montrer un cahier, un bobo. Plus que de la bétadine ou un pansement, elles viennent chercher leur petit moment d'affection.

« Ou celle des adolescentes avec leurs bobos du cœur toujours aussi insolubles, parce que celui qu'on aime en aime une autre…

« Et puis l'étape des mariages, des négociations avec la belle-famille, des préparatifs… »

Après la réunion « prière-silence-méditation-partage » du soir, en fait le moment où l'on est vraiment ensemble, en famille, à s'écouter les uns les autres, c'est le rituel du bonsoir : le baiser de Papy-Mamie, un instant, court peut-être mais, surtout, d'attention particulière à chacune. Et puis, tout le monde monte vers le dortoir, sauf celles qui ont besoin d'une écoute plus longue.

Dans le dortoir – cinq grandes pièces ouvertes en enfilade – sont accrochées de vastes moustiquaires communes sous lesquelles les enfants alignent, côte à côte, par équipes de douze ou quinze, leur natte, leur oreiller et leur couverture.

La lumière est éteinte. Les gros ventilateurs ronronnent au plafond. Et, pendant que les pensionnaires s'endorment en serrant bien fort leur peluche préférée, Christian et Marie-France aiment rester là un moment – profondément heureux.

« Les veilleuses les éclairent un peu et, en les regardant l'une après l'autre, nous revoyons leur histoire, dont chacune nous a pris au cœur et qui est celle de PSE », confient-ils.

Il faudrait mille pages pour les raconter toutes. Pour ce livre, ils ont fait le choix de n'en retenir que quelques-unes.

« La plupart sont belles. Elles commencent mal mais se terminent bien ! Malheureusement, quelques rares histoires se sont mal terminées parce que les familles n'ont pas voulu ou pas pu comprendre le bien des enfants et ont cherché un gain immédiat. Nous pensons avec tristesse à Thiery, devenue "lanceuse de bière", c'est-à-dire prostituée ; à Phirom, morte du sida ; à Sery Nieng, à Lieng Teng, à Ratha, parties vers une vie qui ne peut que se terminer dans le malheur ; à ceux et celles qui sont restés, écrasés sous les bulldozers et les camions de la décharge… »

Devi

« Appelons-la Devi, dit Christian.

« Elle était arrivée un jour dans un état de choc épouvantable, venant d'être brutalement abusée par un beau-père violent. Nous l'avions immédiatement gardée au Centre comme pensionnaire car, bien sûr, elle était menacée de mort puisqu'elle avait parlé.

« Il y avait encore deux filles à la maison. Nous avons pris le pick-up et foncé chez elles pour les récupérer. Elles aussi étaient en danger.

« Devi s'était peu à peu remise et avait repris sa formation à l'extérieur. Mais elle n'avait jamais vraiment retrouvé le sourire car, en plus du traumatisme, elle se souciait en permanence des petits frères restés chez le beau-père.

« Peut-être n'avions-nous pas pris suffisamment au sérieux les menaces de mort. Il y en a tellement, ici… Un jour, sans que nous en ayons été prévenus, elle fut "convoquée" et quitta la classe pour se rendre à un rendez-vous mystérieux. Nous l'avons retrouvée écrasée, par un camion de la décharge. »

Chanthou

« Parmi nos protégées, trois petites filles, trois sœurs : Sokhoeun, Chanthou et Chânthân.

« Depuis qu'elles mangent à leur faim, leur allure a changé. Mais elles gardent apparemment une profonde tristesse, surtout Chanthou qui ne sourit jamais, malgré les fêtes et les jeux qu'on organise au Centre.

« C'est vrai qu'elle avait beaucoup souffert sur la décharge. Elle était si maigre et si frêle qu'elle n'arrivait jamais à s'imposer pour ramasser quelques déchets, qui étaient toujours pris par un gamin plus fort ou un adulte méchant. Et elle était terrorisée à l'idée qu'encore une fois, en fin de journée, elle ne rapporterait rien à la maison et serait battue.

« Mais maintenant qu'elle était au Centre, nous ne comprenions pas cet air si malheureux qu'elle gardait toujours.

« En même temps qu'il battait ses filles, le papa maltraitait terriblement leur maman. Mais ça, les enfants ne l'avouent jamais. Ils ont tellement honte…

« Et puis, un jour, Sokhoeun nous prévient en pleurant : "Papa a battu Maman tellement fort qu'elle est très malade. Elle va mourir."

« Nous nous précipitons. La maman est laissée dans un coin de la maison, sans aucun soin, agonisante. Des myriades de fourmis grouillent sur elle. Elle n'a pas été lavée et une odeur insupportable nous prend à la gorge. Elle est laissée là, comme un tas d'ordures. “Papa ne veut pas qu'on s'occupe d'elle”, disent les petites, terrorisées. Le père et le grand frère sont à l'autre bout de la pièce, indifférents, l'air dégoûté.

« J'ai envie de cogner, de leur cracher à la figure. Je préfère ne pas les regarder.

« Il paraît que le père l'avait poussée du haut de la maison. Elle était tombée par terre en se fracturant le bassin et a gémi toute une nuit sans que personne n'ose intervenir. Depuis, sa santé s'est détériorée. Elle est déjà inconsciente. Nous la soulevons précautionneusement et descendons avec difficulté l'échelle de bois qui sert d'escalier. La distance nous paraît longue jusqu'au camion. Nous la conduisons chez les Sœurs de Mère Teresa qui s'occupent des malades du sida en fin de vie.

« Immédiatement prise en charge, lavée, installée dans un vrai lit aux draps blancs, cette maman retrouvait au moins sa dignité. Elle s'en est rendu compte avant de mourir, car elle a souri quand nous lui avons dit que ses petites filles étaient toutes là autour d'elle.

« Le lendemain, avec les pensionnaires, il fallut organiser sa crémation dans une pagode proche. Tout le monde était là, autour du linceul blanc posé sur le bûcher, les trois petites filles au premier rang. Tout à coup, nous voyons nos pensionnaires partir comme une volée de moineaux, vers la mare, laissant là leurs amies. Je m'apprête à leur faire de gros reproches mais, quand elles reviennent, elles ont chacune à la main une fleur de lotus qu'elles viennent déposer joliment sur le linceul. Nous qui nous étions promis de ne pas pleurer, pour ne pas augmenter l'émotion des enfants… C'était raté.

« Depuis ce jour, Sokhoeun, Chanthou et Chânthân sont devenues pensionnaires.

« Sokhoeun, qui n'a pas poursuivi bien loin ses études, a été formée comme cuisinière.

« Chanthou, en classe de seconde, est devenue une très belle jeune fille qui sait maintenant sourire. Elle a tellement changé. Ses cheveux roux et filasse par manque de protéines se sont transformés en un magnifique flot de chevelure qui descend jusqu'au bas de son dos.

« La petite Chânthân qui avait gardé longtemps son air de Cosette misérable, est devenue une petite fille rieuse et espiègle qui se développe enfin. »

Phâlly

« L'histoire de Vuthy, Chanthy et Phâlly montre qu'on ne se rend pas compte de la chance qu'ont nos pays développés où l'on a accès aux assurances maladie, assurances sociales, remboursements, garanties contre les mauvaises moissons, prises en compte des zones agricoles sinistrées, etc. Ici rien de tout cela ! Une sécheresse, une inondation, votre rizière ne donnera rien et vous voilà réduit à la famine.

« La famille de Vuthy, Chanthy et Phâlly était une famille pauvre, comme celles de la plupart des habitants du Cambodge, mais pas du tout misérable. Il y avait une bonne maison en bois, un bout de rizière et même, signe extérieur de richesse, une télévision. Les deux garçons, Vuthy et Chanthy, allaient déjà à l'école. La maman fabriquait et vendait des gâteaux. Le papa était ouvrier du bâtiment.

« Mais un jour, il est tombé malade. Une longue maladie, un cancer. Pour le soigner, petit à petit, il a fallu tout vendre. La petite rizière, les quelques meubles et, pour finir, la maison. Quand le papa est mort, il fallut encore payer la crémation. Après, il n'y avait plus rien, sauf d'énormes dettes.

« La maman, épuisée et dépressive, s'est mise à boire et a même vendu son quatrième enfant, une petite fille qui n'était encore qu'un bébé. Les enfants n'avaient plus à manger.

« Elle nous a supplié d'accueillir les trois aînés, tellement gentils mais traumatisés.

« Quelque temps plus tard, la petite Phâlly nous fait promettre de les emmener voir leur maman le dimanche suivant. Tous les jours de la semaine, dès qu'elle nous aperçoit, elle se précipite sur nous pour demander : "C'est demain ?"

« Le jour venu, on les voit se préparer longuement, bien se coiffer, mettre la belle robe et les nouveaux vêtements donnés par le Centre. Phâlly et ses deux frères sautent de joie en montant dans le pick-up. On chante, on rit, pendant le trajet. Phâlly est toute excitée.

« Quand nous arrivons sur le nouveau lieu d'habitation de la maman, on nous indique un vieux hangar où quelques pauvres femmes se tassent les unes contre les autres. Les gens essayent de nous dissuader d'amener les enfants, expliquant que leur mère a beaucoup changé, qu'elle boit de plus en plus et qu'elle est devenue prostituée à l'hôpital militaire.

« Mais les enfants s'étaient fait une telle fête qu'il n'est pas possible de les remmener sans qu'ils la voient. Nous insistons fortement.

« À ce moment, sort du hangar une femme hirsute, méconnaissable, qui se met à hurler : “Qu'ils s'en aillent, je ne peux plus les nourrir, je ne veux plus les voir.”

« Papy crie : “On ne vous demande pas de les nourrir, simplement de les prendre un moment dans vos bras, de les embrasser. J'ai tout ce qu'il faut pour le repas.”

« Mais elle n'en pouvait plus, ne voulait plus.

« Cela lui rappelait peut-être trop sa vie heureuse. Et puis, elle avait peut-être peur que ses enfants ne découvrent son nouveau métier.

« Alors, nous sommes repartis. Sur tout le trajet du retour, trop long…, les enfants n'ont pas dit un mot. Nous avons juste vu, sur les joues de Phâlly, une grosse larme, insupportable. »

Masey

« Un vendredi soir nous sortons du Centre pour emmener les pensionnaires chez nous pour le week-end (nous habitions encore à l'extérieur).

« Devant le portail, deux hommes en moto s'arrêtent et nous déposent devant les pieds un petit bout de fille recroquevillée sur elle-même. Une pauvresse toute malingre, serrant contre elle un petit baluchon noué dans un vieux tissu, habillée d'une simple culotte bouffante pleine de taches.

« Mais, surtout, ce regard terrible d'enfant battu, s'apprêtant à recevoir de nouveaux coups.

« “Nous l'avons trouvée marchant seule dans la nuit et

on nous a dit que vous étiez un orphelinat…" Et puis ils sont partis.

« Elle avait l'air complètement effrayée.

« C'est comme ça que Masey est arrivée au Centre.

« Il a fallu longtemps, pour l'apprivoiser. Mais, à la première douche, on s'est aperçu qu'elle avait d'horribles cicatrices sur tout le corps.

« Comme paniquée par la nuit, elle refusait de dormir et elle hurlait longtemps avant qu'il soit possible de l'apaiser.

« Au Centre, on n'a pas l'habitude de questionner les enfants quand ils arrivent, de peur de leur faire revivre tout de suite leurs cauchemars. Ils parleront quand ils le voudront, quand ils en auront besoin, quand il faudra que ça sorte, ainsi que le pus d'un furoncle, quand ils seront suffisamment en confiance pour partager les horreurs qu'ils ont vécues.

« En classe, tout d'un coup, Masey piquait des crises épouvantables, ressemblant à l'épilepsie. Par moments, elle traversait la cour en hurlant qu'elle s'en allait parce qu'elle était orpheline et qu'elle détestait tout le monde. Elle était complètement asociale. Vis-à-vis de nous et de ses rares amies, elle était tellement demandeuse d'affection et de reconnaissance qu'elle réclamait une exclusivité totale, malheureusement impossible.

« Un jour, elle a voulu parler. Plusieurs mois après.

« J'avais demandé si certains enfants voulaient bien témoigner un peu de leur vie pour que les parrains les connaissent mieux. Elle avait été volontaire.

« Alors, elle avait raconté. C'était l'horreur.

« À la mort de sa maman, elle avait été vendue par sa famille dans une gargote de maison de passe, pour payer le prix de la crémation.

« Toute petite – elle avait alors 7 ans – elle devait laver les assiettes à longueur de journée, sans repos et à toute vitesse. Et si elle ne les lavait pas assez vite, on la battait à la faire s'évanouir. On la tailladait à coups de couteau, sur la tête, sur les jambes, sur le corps. On la brûlait à l'eau bouillante. On lui tapait la tête sur le ciment. On l'envoyait dormir avec les cochons, dont elle avait tellement peur.

« Et, pour ajouter à cela, elle ne mangeait pas avec le reste de la famille. Elle mangeait les restes, après les autres, s'il y en avait, les arêtes. Et la cruauté des autres enfants, qui cassaient des assiettes pour la faire punir…

« Après avoir parlé, dans cette tension insupportable, elle était restée le regard fixe, inquiétant, fermé, comme si elle revivait tout ça.

« J'étais juste en face d'elle et je l'avais appelée, une fois, deux fois, trois fois, de plus en plus fort, hurlant presque pour la faire sortir de là : "Masey ! C'est fini, maintenant. Ici, on t'aime !" Elle n'était plus là, n'entendait pas, ne répondait pas.

« Et puis, après de très longues minutes, elle s'était levée, s'était jetée dans mes bras et là, après un cri rauque de bête blessée, elle s'était mise à pleurer. Tout son corps hoquetant n'était plus que sanglots sans fin, comme si toutes les tortures, les souffrances, les peurs, s'écoulaient en une énorme vague libératrice.

« C'est à partir de ce jour que Masey a commencé sa vraie guérison.

« Un chirurgien français a essayé de lui remettre en place le pouce et l'oreille.

« Elle a retrouvé la paix dans son cœur.

« Mais comment pourrait-elle vraiment oublier, avec toutes ces marques qui demeurent sur son corps ? »

Sokunthie

« C'est une des images les plus choquantes du jour où j'avais découvert la décharge.

« Sokunthie et Sokunthiery, deux toutes petites filles, presque encore des bébés, presque nues et dans un état de crasse indescriptible, fouillaient pieds nus et mains nues sur une montagne d'immondices. C'était insupportable.

« Elles étaient toutes seules, probablement chassées par les autres des endroits où l'on pouvait gagner quelque chose.

« Dès que nous avons pu organiser un petit repas sur la décharge même, nous avons voulu les y faire venir. Mais j'ai vite appris par la population que le père, ivre à partir de dix heures du matin, ne travaillait pas et envoyait ses enfants comme des esclaves sur la décharge, pour lui payer son alcool et sa maîtresse.

« Il me menaçait de coups de fusil (qu'il possédait réellement) si jamais ses enfants perdaient dix minutes à venir manger.

« Je les voyais tous les jours, angoissées, courant partout sur les détritus, montant sur les camions, prenant des risques inouïs, pour ramasser quelques saletés, terrorisées à l'idée de se faire battre violemment si elles n'avaient pas rapporté assez. C'était mon cauchemar, de les apercevoir tous les jours sur cette décharge qu'elles n'avaient, paraît-il, jamais quittée. J'essayais de les approcher mais elles craignaient que leur père ne les aperçoive, de sa cahute toute proche.

« Nous avions quand même trouvé, Sokunthie et moi, un stratagème. Lorsque j'arrivais sur la décharge le matin, elle se rapprochait doucement, aux aguets et, en un tour de main, j'arrivais à lui passer un bout de sandwich que j'avais préparé dans ma poche et qu'elle allait partager avec sa petite sœur. Puis elle repartait comme une flèche, avec son vieux sac à ciment sur le dos et sa grosse pioche bien trop lourde pour elle. Elles faisaient peine à voir, toutes les deux, écorchées par des tas de blessures, une mine épouvantable et, surtout, ce regard…

« Ce manège durait depuis des mois… Un matin, en arrivant là-bas, pas de Sokunthie. Je scrute les alentours et aperçois, de loin, dans un de ces cloaques infects qu'on trouve dans la décharge, un enfant qui avançait comme un automate, dans cette bouillie sordide qui lui arrivait jusqu'aux genoux, titubant, tombant, se relevant, comme un oiseau englué dans une marée noire. Il allait se noyer, là-dedans, comme quatre enfants l'avaient fait cette année-là. Je me précipite. C'était bien Sokunthie, habillée d'une seule vieille chemise d'homme, crasseuse et recouverte d'une épaisse couche d'immondices. Je l'appelais. Elle ne me répondait même pas. Je l'ai attrapée dans mes bras, dégoulinante. Et, la rage au cœur, je l'ai emportée vers le lieu du repas. Il pouvait venir, son père, avec ses menaces et son fusil, c'est moi qui allais le recevoir ! J'ai déposé Sokunthie contre notre paillote. Vite, une assiette de riz si elle n'était pas trop malade pour pouvoir manger. En quelques minutes, elle avait avalé deux grosses assiettées.

« Nous allions bientôt partir pour la France, Marie-France et moi, pour cette tournée qui nous permettait d'alerter nos amis et leurs amis sur la situation des enfants ici. Mais si nous ne faisions pas quelque chose avant, Sokunthie ne serait plus vivante à notre retour. Je ne voulais surtout pas voir le père, tellement la colère m'emportait. J'ai demandé à notre responsable cambodgien d'intervenir : "Tu vas voir le père et tu paies le prix qu'il veut, puisqu'il n'y a que ça qui l'intéresse. J'achète la survie de Sokunthie. Après, on verra."

« Depuis, ce papa a tellement martyrisé sa femme qu'elle en est décédée. Lui-même est mort d'une cirrhose.

« Sokunthie est devenue une splendide jeune fille, sportive, qui va passer son bac l'année prochaine. Au Centre, elle essaie d'oublier. Elle a encore un long chemin de pardon à faire pour se libérer et apaiser son cœur. Sa sœur Thiery est une adorable petite fille sans histoire. Son frère Sokun travaille maintenant à Siem Reap, après sa formation professionnelle. L'autre frère, Samedy, passe son bac cette année. »

Sarome et Sarane

« Les petites jumelles Sarome et Sarane, nous les avions vues naître. J'avais été appelé, une nuit, sur la décharge pour un accouchement qui se présentait mal. J'étais parti avec Guilhem, un des bénévoles de l'époque, et nous avions transporté la maman sur un brancard, à travers toute la décharge pour l'emmener à l'hôpital. Le papa, lui, avait bu et ne voulait pas venir. "Vous voyez ce que c'est que la famille..." soupirait la maman.

« Des deux petites que la maman avait mises au monde ce soir-là, l'une était si chétive qu'elle semblait avoir bien peu de chances de survivre. Quelques mois plus tard, d'abord la maman, puis le papa, sont morts, tous les deux du sida. Les petites ont alors été confiées à une tante. Mais un jour, lors d'une de mes visites sur la décharge, je les ai trouvées si sales, si mal soignées, si mal en point, que j'ai poussé une grosse colère et que je les ai récupérées. Le Centre n'était pas équipé pour accueillir des bébés de neuf mois mais tant pis, on se débrouillerait. Toutes les deux avaient une primo-infection et pleuraient beaucoup la nuit. Impossible, donc, de les faire dormir avec les pensionnaires. Alors, après les avoir récupérées à la crèche où elles passaient la journée, on installait leurs corbeilles-berceaux dans notre chambre, en pensant que, peut-être, il faudrait les faire adopter… Mais les mois passaient, Sarome et Sarane grandissaient, entourées de toutes leurs petites mamans de remplacement, avec pour chacune une "maman" particulière, et il devenait de plus en plus impensable d'imaginer les confier ailleurs sans provoquer une révolution chez nos pensionnaires.

« Jusqu'à leurs 18 mois, nous avons vécu dans l'angoisse des résultats d'analyses. Étaient-elles séropositives ? Ce fut non. Quelle fête pour nous tous ! Elles sont maintenant d'adorables petites filles de quatre ans, gaies, espiègles et pleines de santé, qui font la joie de tous et spécialement de leur famille d'accueil, celle de Pich et Laekhena, premier "couple PSE". »

Kim Hieng et Pheng Ly

« Elles étaient chiffonnières. Leur père les frappait parfois brutalement et les traitait plus mal que leurs demi-frères et sœur. Parce qu'elles étaient les enfants de son premier mariage et qu'elles ne faisaient donc pas vraiment partie de sa nouvelle famille.

1. A la décharge, l'arrivée d'un camion.

2. Christian des Pallières, sur la montagne fumante.

3. Monsieur Meas Chan et sa femme, tous les matins de l'année, apportent les repas à la décharge

4. Début des repas du matin, directement sur la décharge.

5. Logement des familles sur la décharge.

6. Hameau du relogement.

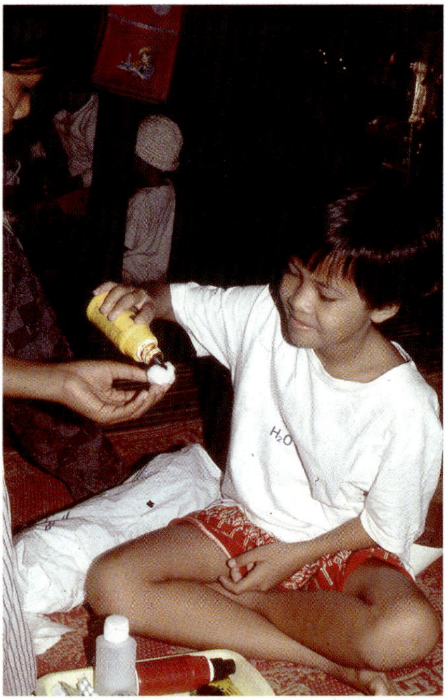

7. Kéla soigne à la paillote de la décharge.

8. Lever des couleurs, comme dans toutes les écoles du Cambodge.

9. Classe 1.

10. Étude du soir, sous le bâtiment A.

11. Compétition interclasses.

12. Les sept filles du groupe d'écoute.

13. On retrouve ses racines en apprenant la danse traditionnelle.

14. L'équipe des chiffonniers de PSE, championne de Rugby du Cambodge.

15. Formation professionnelle : secrétariat.

16. Formation professionnelle : boulangerie

17. Formation professionnelle : buanderie

18. Sokunthie et Thiery avant, sur la décharge.

19. Sokunthie et Thiery, aujourd'hui.

20. Le sourire de Chenda.

21. Chenda, aujourd'hui.

22. La grande famille de Pich et Leakhéna.

23. Papie et Mamie avec la Reine Monineath, à PSE.

24. Marie-France des Pallières reçoit, pour PSE, le Prix des Droits de l'Homme des mains du Premier ministre, à Matignon, en janvier 2001.

25. Bernard Colcomb, en visite sur le terrain.

26. Tournée en France. Retrouvailles avec Sœur Anne-Marie.

27. Tournée en France, avec Leakhéna et Srey Nga.

« Leur véritable mère était prostituée. Elle avait des dettes qu'elle ne pouvait pas rembourser. Un jour, elle a décidé de les enlever toutes les deux. On les a fait sortir de la maison sous prétexte qu'il fallait aller couper du bois. En fait, c'était un piège et un moto-taxi les attendait. Il les a frappées pour les emmener.

« Nous étions très inquiets car nous ne savions comment les retrouver. Nous avons mené une enquête. Le deuxième mari de la mère nous a dit qu'elles étaient parties pour Poïpet, une ville frontalière du Nord, et qu'elles allaient être vendues en Thaïlande pour la prostitution. Leur mère avait besoin d'argent pour rembourser ses dettes. C'était une course de vitesse. Nous avons eu très peur et avons immédiatement contacté la police en promettant une grosse prime si on les retrouvait. Ainsi bien motivée et avec une efficacité remarquable, la police les a retrouvées très vite car elles n'étaient pas encore parties. Leur mère les cachait dans le quartier des prostituées en attendant, mais la police, alertée, est venue en pleine nuit les récupérer. Depuis, elles sont pensionnaires. »

Dyna

« Son père est un ancien militaire. Après avoir sauté sur une mine, il n'a plus qu'une jambe. Les médicaments pour le soigner étaient très chers et il a dû vendre sa rizière. Avec sa famille, ils sont venus habiter à Phnom Penh dans une paillote en bois et en carton, juste à côté de la décharge. Dès leur arrivée, le père a envoyé Dyna sur la décharge avec son frère aîné. Ses quatre petits frères, eux, étaient à la maison avec leur maman qui restait presque toujours allongée tellement elle était fatiguée.

« Pour gagner de l'argent, il fallait travailler très dur, sans s'arrêter et sans se plaindre. Les plus grands chiffonniers battaient Dyna pour lui voler les détritus les plus chers qu'elle avait trouvés ou pour la chasser de leur territoire. Elle travaillait le plus possible mais ne gagnait que 5 000 à 10 000 riels par mois (environ deux dollars). Avec cet argent, on ne pouvait pas acheter le riz pour toute la famille alors, un jour, son père a décidé de l'emmener mendier à Phnom Penh. Il lui a dit de prendre avec elle Rasmey, son petit frère de six mois à qui il manque un bras.

« Une fois arrivés au centre de la capitale, son père est parti et les a laissés tout seuls. Elle marchait sans s'arrêter, en portant Rasmey sur la hanche et demandait des riels aux personnes qui passaient dans la rue. Il était lourd et quelquefois, elle était obligée de le poser par terre, tellement elle était fatiguée. “Et pourtant, j'aurais tellement voulu le garder toujours dans mes bras”, nous a-t-elle raconté plus tard. Ils n'avaient rien à manger, rien à boire, juste un peu de riz lorsqu'elle avait assez d'argent. Son petit frère avait très faim et n'arrêtait pas de pleurer. Pour le nourrir, elle devait mâcher le riz en premier et le lui donner ensuite. Ils dormaient par terre, devant les maisons des gens riches. Les moustiques les piquaient et les empêchaient de dormir. Alors, elle enlevait sa chemise pour protéger Rasmey et le serrait très fort contre elle.

« Son père venait uniquement pour prendre l'argent qu'elle avait mendié et lui donnait des coups quand il n'y en avait pas assez. Pour lui, plus les enfants étaient maigres, sales et mal portants, plus ils feraient pitié. Quant à lui, il achetait de l'alcool et, souvent, il rentrait ivre à la maison et frappait la maman.

« Plusieurs fois, il a renvoyé Dyna sur la décharge pour "louer" son petit frère handicapé à des personnes qui voulaient mendier avec lui.

« Le travail de chiffonnière est fatiguant mais là, au moins, personne ne l'insultait. Dans la rue, les gens étaient méchants, ils ne lui disaient que des injures qui la rendaient très triste. Aujourd'hui, elle vit au Centre avec nous. »

Sophay

« La première fois que nous l'avons rencontrée, c'était dans une petite paillote, au milieu d'un marécage de boue et d'égouts, à laquelle on n'accédait que par de périlleux équilibres sur de vieilles planches. Il n'y avait qu'une seule pièce, noire, sordide, minuscule. Comme mobilier, occupant presque tout l'espace, un unique lit où geignait et agonisait sa maman que l'on apercevait, squelettique, derrière la moustiquaire. L'odeur était insupportable, à cause de l'hygiène impossible, du manque d'eau par cette grande chaleur. Cette maman nous parlait. Que faire d'autre que de lui tenir la main, de l'écouter et de laisser un peu d'argent pour l'achat de médicaments qui l'aideraient à souffrir moins ?

« Peu à peu, nous apprenions que le beau-père tapait, brutalisait encore cette femme, récupérait, pour boire, l'argent que nous laissions mais, le pire, n'attendait pas la mort de sa femme pour vouloir rejoindre la petite Sophay sous la moustiquaire. Alors, une immense envie de sortir nous prenait, de fuir, de vomir, d'aller pleurer dehors. Peu de temps après, à la mort de sa maman, Sophay nous a demandé protection.

« Aujourd'hui, elle est une belle jeune fille, épanouie,

resplendissante et tous reconnaissent sa gentillesse. Elle est en formation dans une parfumerie de luxe. Une petite tâche blanche sur la paupière gauche lui donne un charme de plus. »

Kela

« Parmi les tout premiers enfants accueillis, une toute petite fille de 8-9 ans, haute comme trois pommes, rigolote avec son visage ovale, sa coupe à la Jeanne d'Arc, avec une frange qui dégageait tout juste ses yeux vifs et malicieux.

« Marie-France l'avait repérée, dans notre petite infirmerie où Kela passait des heures, accroupie par terre, à lui raconter des histoires, sans se rendre compte que Mamie n'en comprenait pas un mot. Elle avait l'air de tellement vouloir communiquer avec nous que c'était incroyable.

« Sûrement, elle avait des tas de choses à dire et écoutait avec beaucoup d'attention les réponses qu'on lui faisait en français en essayant de répéter les phrases.

« Cette difficulté à communiquer paraissait lui peser beaucoup et, à une vitesse prodigieuse, elle a commencé à pouvoir dire des mots, des petites phrases. Nous n'en sommes pas encore revenus. Elle faisait ça avec un tel acharnement, répétant tout ce que nous disions que, très vite, il fut possible d'échanger.

« Et quand on lui a demandé sa méthode, plus tard, elle a expliqué qu'elle répétait dans sa tête une phrase qu'elle ne comprenait pas et que, les jours suivants, elle essayait de repérer les mots dans un autre contexte pour en comprendre la signification.

« Elle voulait certainement nous communiquer de grands secrets. Et, un jour, elle a pu nous les dire elle-même. Nous avons compris, à ce moment-là, pourquoi elle voulait tellement les dire. Ils étaient beaucoup trop lourds pour elle, à tel point qu'elle dormait mal et qu'elle passait des heures, la nuit, à prier le Dieu qu'elle ne connaissait pas.

« Peu à peu, elle a tout raconté de son enfance, de l'ignoble exploitation par une mère indigne qui n'a toujours qu'une idée, c'est d'essayer de gagner de l'argent d'une manière infâme avec elle, pourtant si petite. Tout cela était sorti dans un flot de larmes.

« Alors, elle nous a fait comprendre aussi qu'elle avait besoin de nous et nous a demandé d'être son nouveau papa et sa nouvelle maman. Mais elle avait si peu confiance dans les adultes – sa mère lui avait toujours menti – qu'elle voulait que ce soit officialisé. "Devant le bonze", a-t-elle précisé.

« Nous avons accepté, pour l'aider à se guérir et à retrouver la paix, mais c'est nous qui avons choisi le bonze. Un de nos amis, très respectable, une personnalité reconnue et non pas un de ces nombreux bonzes qui, actuellement, ne connaissent rien, ni même le bouddhisme.

« Il nous a accueillis en écoutant profondément, comme savent le faire ces sages, qu'ils soient bouddhistes, chrétiens ou musulmans. Il nous a aspergés d'eau pour marquer l'engagement et puis il a disparu et il est revenu avec une poupée, comme pour dire à Kela : "Enlève de ta tête toutes ces histoires qui t'ont fait du mal, et qui ne sont pas de ton âge, et retrouve l'enfance qui doit être celle de tes neuf ans."

« Étrangement, après, elle a voulu "recommencer sa vie" et effacer tout ce qui avait été raté. Elle a demandé – en blaguant, mais nous avons vite compris que c'était plus sérieux que les apparences – de jouer à reprendre le biberon. Cela a duré une quinzaine de jours et elle a eu l'air soulagée.

« Comme elle était la seule à parler le français, elle est vite devenue mon interprète attitrée vis-à-vis des autres enfants et même des familles quand les responsables n'étaient pas là. Et puis, elle tenait absolument à m'accompagner à la décharge le matin, pour m'aider à soigner les enfants. Elle prenait un air sérieux, très appliqué, nettoyait une plaie ici, soignait un bobo là. “Plus tard, je veux être médecin pour les pauvres” assurait-elle.

« Sachant que nous étions chrétiens, Kela a demandé à connaître “Preah Jésus”. Pour nous, le principe était de nous refuser à tout prosélytisme. Notre association étant non confessionnelle, nous avons un devoir absolu de réserve sans, pour cela, cacher notre foi. Mais quand un enfant demande, cela fait partie de ses droits d'avoir une réponse.

« Kela fut donc inscrite au catéchisme dans une petite paroisse voisine. Là, elle a fait une découverte qui lui est apparue comme extraordinaire : “Ici, quand on est la plus pauvre, la plus malheureuse sur la décharge, battue, abusée, de savoir qu'en plus, on est coupable, c'est vraiment trop… Moi, je ne crois pas qu'on paie dans cette vie pour les mauvaises choses des vies d'avant. Je sais qu'on peut être pardonné. Quand j'ai lu les paroles de Jésus : les plus petits sont les plus aimés, cela m'a profondément touchée parce que les hommes, eux, aiment les gens les plus importants ! Cela m'a aidée à aller vers les pauvres ; je me disais : c'est vers Dieu que tu vas. Et quand je traverse des épreuves je me souviens des apôtres dans la barque : ‘De quoi avez-vous peur ?..’

« “J’ai Dieu à qui parler, qui me comprend quand les gens les plus intelligents ne comprennent pas. Je prie. Je sais qu’il faut attendre pour être exaucée et que parfois, ce qu’on reçoit est différent de ce qu’on a demandé. Mais souvent on s’aperçoit que c’est heureux et beaucoup mieux que ce qu’on espérait…”

« Cela lui paraissait tellement fabuleux que, le soir, elle ne pouvait s’empêcher d’en parler à ses voisines de moustiquaire qui, très émues, se mettaient à pleurer et à prier avec elle. Quand nous passions près des dortoirs, c’était un étrange spectacle que de voir Kela, pourtant naturellement timide, malgré ses airs fendants, exposant avec clarté et autorité, devant un public de plus en plus nombreux de grandes et de petites, ce qu’elle avait appris au dernier catéchisme. Mais ça, c’était son affaire, pas la nôtre. Elles ont beaucoup prié pour le papa de l’une d’elles. Il a arrêté de boire et cette famille va bien maintenant.

« Elle a maintenant beaucoup de “disciples” qui ont tout de suite compris qu’être chrétien, c’est aller vers les plus pauvres, les plus délaissés, pour les aider, les aimer.

« Avec son amie Sinoun, Kela a créé des groupes d’entraide qui se sont multipliés, sans que cela ait été ni suscité, ni organisé par les adultes. Près d’une dizaine de groupes d’accueil des petits chiffonniers ne bénéficiant pas encore de nos programmes existent maintenant. Tous les dimanches après-midi, ils viennent trouver au Centre un goûter, des moments de joie, d’affection, de repos, de jeux – avant de repartir vers leur triste vie. Et puis certains groupes vont visiter les enfants malades dans les hôpitaux ou les mourants chez les Sœurs de Mère Teresa.

« Et puis, l’aide aux mamans, les cas désespérés, celles

que la fatigue, le désespoir, la misère ont rendues alcooliques, instables. Avec quatre amies, Kela a démarré un petit programme d'artisanat.

« Elle foisonne d'idées mais c'est l'année du bac, maintenant, et il faut garder un peu plus de temps pour le travail scolaire. Et puis, des soucis constants avec son estomac qu'il a fallu faire opérer.

« Toutes ces actions des enfants vers les plus malheureux qu'eux, c'est notre plus grande joie, car ce ne sont plus 4000 enfants qu'aide PSE, mais infiniment plus, si chacun d'entre eux multiplie et partage ce qu'il a reçu.

« Bientôt Kela atteindra l'âge de la majorité, à partir duquel on peut recevoir le baptême. "J'irai voir ma famille pour leur parler, me séparer complètement du mal qu'ils m'ont fait. Je ne garde pas de rancune : c'est tout ce que j'ai vécu qui me permet de comprendre les autres et de les aider. Je crois que c'est pour cela qu'ils écoutent mes conseils. J'aimerais aider mon pays à se développer. J'ai été en France et j'aurais pu y rester mais je serai plus heureuse ici à travailler comme médecin ou dans un autre métier. Et puis je voudrais fonder une famille..." »

« Tout le monde est endormi maintenant et, après un dernier coup d'œil réconfortant, nous redescendons dans notre chambre, juste au-dessous. Depuis six heures, ce matin, c'est le premier moment de calme et nous allons pouvoir nous mettre un peu au travail, épuisés mais tellement heureux. »

« Sacrés gosses ! On en mourra, mais cela en vaut vraiment la peine ! » répète Christian tous les soirs.

VIII
UN MÉTIER POUR CHACUN

« Bonjour, ici la réception. Il est six heures trente, je vous souhaite une bonne journée. » « Good morning! The time is half past six… »

En japonais, Rithy n'ose pas encore… Il est opérateur téléphoniste dans un des hôtels de Siem Reap, petite ville verdoyante parfois appelée le « Versailles cambodgien » en raison de sa proximité d'Angkor, site classé au Patrimoine mondial de l'humanité, qui contient les fameux temples d'Angkor Vat, Angkor Thom et du Bayon, monuments grandioses et mystérieux, au cœur de la forêt vierge. Rithy, un garçon de 22 ans, encore un peu emprunté dans sa tenue chamarrée, travaille trois jours et deux nuits par semaine pour un salaire de départ de 95$ par mois. Le pactole, dans un pays où le revenu annuel moyen est de 150$! Mais sa réussite ne lui monte pas à la tête : il reste sagement pensionnaire dans le centre d'insertion, foyer ouvert en 1991 par PSE pour les stagiaires et jeunes travailleurs, et il continue à suivre des cours de français au centre culturel local. Le soir, il potasse assidûment le manuel *Café-crème,* bible de l'apprentissage de notre langue pour les métiers de l'hôtellerie.

Passer des ordures de la décharge et de sa cabane en planches aux marbres des palaces internationaux, quel choc! « No problem », lance Rithy, étonné de la remarque. Lui et ses collègues sont absolument ravis de ce que les tycoons de Singapour, de Hongkong et de Tokyo, ainsi que des touristes européens et américains, moins nombreux, viennent dépenser un peu de leur argent dans leur pays. « Il faut bien des riches pour que les pauvres puissent vivre », philosophe une jeune serveuse : la lutte des classes au Cambodge semble bien avoir été enterrée avec le dernier Khmer rouge!

Rithy, sur sa paie, envoie 25$ à ses parents tous les mois. « Même si elle est mauvaise, ici, on n'oublie jamais sa famille », explique Mme Phalla, qui aide les jeunes du Foyer de Siem Reap à gérer leur budget. Et à se frayer un chemin dans le monde du travail en restant fidèles aux principes acquis durant leurs années de formation à PSE Phnom Penh.

Dès leurs premiers contacts avec les petits chiffonniers, Christian, Marie-France et leur équipe ont été hantés par l'avenir qui se préparait pour ces enfants : faute d'emploi, ce serait inexorablement le retour à la décharge. Avec, pour les filles, le risque de la prostitution. Or le taux de chômage dans les villes cambodgiennes dépasse 60 %, encore qu'il soit difficile de comptabiliser la micro-économie des petits métiers, vendeurs ambulants, transporteurs, livreurs de bois, gardiens de voiture, qui assurent, sur les trottoirs, la survie au jour le jour de milliers de familles. Le pays a certes une industrie importante de confection, dont les usines cernent la capitale, mais c'est une filière fragile, dépendant des fabricants de tissu étrangers et d'une politique de quotas, attribués par l'Organisation Mondiale du Commerce. Ils devaient être diminués début 2005, risquant de mettre sur le pavé des milliers d'ouvrières. L'exploitation du bois précieux, autre source de revenus (en grande partie illégale) se fait dans des zones forestières éloignées et ne concerne qu'une main-d'œuvre spécialisée et peu nombreuse. Le placement des jeunes issus de la décharge de Phnom Penh semblait donc particulièrement difficile…

Pendant les premières années du Centre, PSE s'est ingéniée à leur trouver des possibilités d'apprentissage et d'insertion professionnelle, notamment par l'intermédiaire d'une vingtaine d'autres ONG, implantées depuis plus longtemps dans le pays. Mais, à mesure que les jeunes avançaient en âge et, pour certains, accédaient au niveau du brevet, puis du baccalauréat, il devenait indispensable de concevoir un programme de formation pour les préparer à des métiers qualifiés.

« C'est vraiment un domaine dans lequel je n'avais aucune compétence, reconnaît Christian. Il fallait trouver de l'aide. » La Providence se présente cette fois sous les traits d'un de ces aventuriers atypiques, au grand cœur et à l'esprit inventif, qui peuplent son carnet d'adresses. Les aventures des des Pallières leur ont fait connaître des gens passionnés et passionnants, des rêveurs, voyageurs hors normes, idéalistes, qui roulent leur bosse aux quatre coins du monde et pour qui oser et réaliser ses rêves sont des principes de vie.

Au cours de l'année 2000, c'est donc l'arrivée de Philippe Gautier, un ami de longue date avec qui les des Pallières partagent la passion de l'Afghanistan, de l'Inde et de bien d'autres pays, ainsi que la défense des causes humanitaires et l'espoir d'une humanité plus juste. Philippe avait passé cinq ans en Asie du Sud-Est et travaillé à Paris comme producteur dans l'audiovisuel, une autre jungle!

« Et puis, la Providence, souligne Marie-France, s'est manifestée aussi par une très belle histoire : juste au moment où il le fallait, un grand-père suisse téléphonait au secrétariat de PSE, demandant de rester anonyme. "J'ai un petit-fils qui était très gravement malade et qui ne pouvait être opéré qu'aux États-Unis. C'était risqué et j'avais promis, s'il guérissait, de verser à votre association, dont on m'avait parlé, l'équivalent de ce que coûtait cette opération." Ce fut une magnifique somme qui nous permit d'acheter le terrain et de construire les premiers bâtiments de la Formation Professionnelle. »

« Il en a toujours été ainsi depuis le début », ajoute Marie-France. « L'argent, les personnes, tout est toujours arrivé exactement lorsque nous en avions besoin. »

La mission de Philippe Gautier semble complètement utopique : faire sortir des jeunes du Centre aussi vite que des nouveaux chiffonniers y arrivent. Les chiffres du dernier rapport d'activité montrent que si ce pari n'est pas encore gagné les conditions du succès sont d'ores et déjà solidement mises en place. En 2004, une centaine de jeunes étaient entrés dans le monde du travail et 450 se trouvaient soit dans les classes préparatoires d'enseignement général, soit dans les sections de formation professionnelle, avec une grande probabilité d'embauche après leur diplôme.

Après une étude approfondie du marché (car il ne s'agit pas de se tromper et d'engager les jeunes dans des voies sans issue), c'est le secteur du tourisme que Philippe Gautier et sa petite équipe visent d'abord. Deuxième industrie du pays (après la confection), c'est celui qui se développe le plus rapidement, avec une progression de 25 % par an, celui qui crée le plus d'emplois. Des agences de voyage aux salles de restaurants, des services de guides-interprètes à la blanchisserie ou à l'entretien des hôtels, on a un urgent besoin d'employés et de cadres autochtones pour les quelque 1 200 000 touristes étrangers espérés en 2005. D'ailleurs, toutes les ressources du Cambodge ne sont pas encore mises en valeur : les plages de la côte autour de Sihanoukville, le lac Tonlé Sap et son extraordinaire écologie, la capitale elle-même, qui contient des pagodes, musées, palais et ensembles urbains très intéressants. Actuellement les tour-opérateurs privilégient la seule région d'Angkor, considérée comme une simple excursion depuis la Thaïlande, le grand voisin et ex-colonisateur. Des entrepreneurs cambodgiens dynamiques pourraient sans doute modifier cette situation et développer de nouveaux concepts de vacances au Cambodge. Peut-être sortiront-ils de l'école de management touristique de PSE ?

Former pour un secteur de luxe des enfants qui n'ont jamais vu un réfrigérateur ou un lavabo de leur vie, ni approché d'autres étrangers que les gentils Français qui encadrent leurs centres de vacances ou… Papy et Mamie, cela pouvait paraître encore un pari difficile à gagner en 2000. D'autre part, ne faudrait-il pas abandonner Phnom Penh et la chaleureuse proximité du Centre pour Siem

Reap, véritable capitale du tourisme, où existent d'ailleurs deux établissements d'enseignement hôtelier?

En fait, la formation aura lieu parallèlement dans les deux villes.

Petite révolution interne à PSE : soudain, c'est la rupture avec la simplicité, voire l'austérité du cadre scolaire. Les installations de la nouvelle école hôtelière sont si modernes qu'elles font des envieux chez les grands chefs qui les visitent « car il est indispensable de mettre les jeunes dans les mêmes conditions de travail et avec le même matériel que dans les grands hôtels où ils seront embauchés » s'excuse presque Papy; en effet, les professionnels ont mis du temps à le convaincre de faire ici une entorse à son idéal de travailler avec « le minimum de moyens pour le maximum d'enfants possible ».

Vastes chambres froides, « piano » rutilant sous une hotte ultra-puissante avec des postes de travail pour la cuisine asiatique et la cuisine européenne, un espace pour les préparations froides, un autre pour le chaud, offices et vestiaires impeccables, le souci de l'hygiène et de la modernité est partout sensible. En face, la boulangerie-pâtisserie aux équipements dernier-cri, même si les mitrons commencent leur apprentissage en pétrissant à la main : « Pour faire rentrer le métier », dit Sophie, une des responsables de la formation, venue de Suisse, adepte de la méthode forte, « parce que la restauration est un métier dur, avec des chefs exigeants et une ambiance assez stressante. Nous ne pouvons pas former des professionnels dans le sucre en poudre! »

Communiquant avec les cuisines, le restaurant climatisé, que prolonge une terrasse à l'ombre d'une belle paillote, dans un jardin. Dès le matin, les apprentis serveurs et serveuses, en élégant costume de soie couleur mangue, s'initient au maniement des couverts et à la subtilité des commandes du menu européen : gaspacho ou feuilleté périgourdin, filet de bœuf sauce forestière ou gratin de crevettes au flan d'aubergine. La clientèle se compose d'amis et visiteurs extérieurs, de cadres de PSE qui y reçoivent leurs relations ou se font « une petite bouffe » (à 6$). Christian et Marie-France, en fidèles adeptes du bol de riz maison avec les enfants, ne font que rarement une apparition, sinon pour un petit-déjeuner d'affaires.

L'hôtellerie haut de gamme suppose l'excellence. PSE a eu la chance d'être aidée dans son projet par une des meilleures écoles hôtelières du monde, celle de Lausanne, en Suisse, la fameuse EHL. C'est encore la grâce d'une rencontre qui a déclenché ce parrainage si improbable : profondément bouleversés par leur visite au Cambodge, Philippe L., chef de cuisine et Clara B., enseignante à l'EHL, sensibilisent leur direction comme les étudiants à un projet de partage du savoir avec PSE ; deux cadres viendront chaque année de Suisse pour définir le programme et former d'abord les formateurs. À partir de leurs cours, les étudiants de Suisse ont l'idée de créer des fiches et des reproductions photographiques qui aideront leurs camarades cambodgiens à mieux assimiler un enseignement si étranger à leur culture. Groupés dans la petite association *Smile,* ces jeunes multiplient aussi les galas, repas (gastronomiques !), ventes et spectacles pour financer l'entreprise.

L'investissement nécessaire est en effet considérable, et les administrateurs de PSE passent quelques nuits blanches ainsi que des journées noires avant de boucler le tour de table des sponsors pour la construction des nouveaux bâtiments… qui a déjà commencé. Mais le professionnalisme se révèle vite payant : après une ou deux années d'études théoriques et pratiques, les premières promotions trouvent sans problème des stages et des emplois. La réputation de l'école hôtelière PSE est telle que ses apprentis serveurs, cuisiniers, femmes de chambre ou secrétaires sont parfois retenus d'avance par les directeurs des Sofitel et autres Méridien ou City Palace. Les croissants dorés sortis chaque matin des fours se vendent en ville… comme des petits pains et l'ambassadrice de France, pour ses réceptions, apprécie énormément le sourire, l'enthousiasme, la tenue, la connaissance des langues et la compétence des jeunes de PSE. Si on lui montrait les photos des mêmes, quelques années auparavant, en loques sur la décharge, y croirait-elle ?

Après le départ de Philippe Gautier, mission accomplie, Sophie, brillante diplômée en management hôtelier est, avec son homologue cambodgien Chansy, en charge de la formation théorique, qu'elle veut aussi pointue que dans les pays européens. « Je n'ai pas l'impression, dit-elle, de faire de l'humanitaire, sauf… quand je touche mon “salaire” ! » Si elle accepte un gros sacrifice financier et seize mois d'expatriation, c'est parce qu'elle a foi dans le projet de PSE et confiance dans les jeunes qu'elle voit construire avec opiniâtreté leur avenir professionnel.

Une fois formés à Phnom Penh, beaucoup seront dirigés vers l'important bassin d'emplois de Siem-Reap-Angkor où PSE a créé un centre d'accueil afin de recevoir les jeunes en stage, en recherche ou en début d'emploi. Pas question d'envoyer des jeunes filles « dans la nature » en ces lieux qui sont aussi une plaque tournante de la prostitution.

Ce centre est donc à la fois un foyer et un lieu de formation continue. Il est en train de s'agrandir sous la houlette, actuellement, de Jean-Baptiste, ancien éducateur de rue à Bordeaux. Sa haute taille, sa décontraction et son feutre noir à la Indiana Jones cachent un dévouement à toute épreuve pour les quelque soixante-quinze garçons et filles déjà passés dans la grande maison neuve, au bord du bassin des lotus, flanqué de petits pavillons pour les filles. Des jeunes encore en cours d'apprentissage ou déjà au travail comme Rithy, téléphoniste, Sophieh, boutiquière, Chanthou, coiffeuse ou Somona, pâtissier et... sculpteur de glace.

Certains de leurs camarades ont quitté le Centre pour se marier mais reviennent chaque semaine avec leur conjoint partager le riz du dîner. Et demander des conseils à la très sage Mme Phalla, officiellement comptable, mais qui se définit comme « la mère de famille » du Foyer. Cette femme lumineuse a survécu à la tragédie de la période Pol Pot : son père, ingénieur, a été assassiné, sa mère, professeur de français, est morte de faim après avoir vu ses enfants torturés ; elle-même, alors adolescente, a survécu par miracle, mangeant des scorpions et des mille-pattes avant de pouvoir atteindre un camp de réfugiés : elle y est restée treize ans ! Comme pour beaucoup de collaborateurs de PSE, l'association est devenue sa famille et celle de ses deux filles ; elle est heureuse, confie-t-elle avec pudeur, « d'aider les jeunes à apprendre la liberté, et ses limites », et de voir naître les premiers bébés PSE, dont les parents se sont connus au Centre !

Pour Papy et Mamie, c'est aussi la plus belle des récompenses. La mission est accomplie :

« C'est, en fait, le bout de la chaîne : les enfants dans la vie, installés, avec un métier, et créant leur propre famille heureuse.

« Pour nous, on ne peut s'empêcher de voir revenir les images de ces enfants autrefois, ainsi que le film de leur histoire… C'est amusant, ajoute Mamie, ils se marient entre anciens de PSE comme si, en dehors, ils avaient peur de retrouver la brutalité ambiante. À PSE, ils ont discuté et appris ensemble les Droits de la Femme, le refus de la violence, la fidélité, le pardon… Alors, l'avenir leur fait moins peur. »

Non que PSE veuille élever ses jeunes en serre chaude… Mais la société cambodgienne a été tellement meurtrie et ses valeurs si détruites que l'association apparaît plutôt comme un laboratoire du futur, où il faut prendre le temps de reconstruire solidement les bases du couple, de la famille, de la vie en communauté sociale et professionnelle.

L'hôtellerie comporte de nombreux métiers différents. Après quelques tâtonnements, PSE s'est centrée sur quatre d'entre eux : boulangerie, cuisine, service, « house-keeping » (ménage et blanchisserie), mais d'autres formations s'avèrent liées à ce secteur, ainsi le secrétariat bilingue, la coiffure et même le métier d'assistante maternelle, récemment mis au programme. En effet certains clients des grands hôtels sont accompagnés de jeunes enfants qu'ils aimeraient confier à des personnes qualifiées. De même, à Phnom Penh, des parents de diverses nationalités, commerçants, hommes d'affaires ou collaborateurs d'ONG recherchent des nounous ou jardinières d'enfants. C'est pourquoi Chenda et quelques camarades alternent les cours de puériculture et d'anglais et les heures de stage à la crèche PSE, sous l'autorité de Mme Pok.

Chenda, 18 ans. Difficile de la regarder sans émotion, ni une sorte d'incrédulité. Il est impossible, en effet, de reconnaître dans cette jeune fille en jupe longue, soigneusement coiffée, la sauvageonne dont la photographie en gros plan sert de logo à tous les documents officiels de l'association ; elle figure en manchette du journal PSE comme sur le programme des manifestations ou les cartes de visite des collaborateurs. Pourquoi cette frimousse aux mèches en désordre sur fond de décharge est-elle restée l'emblème de PSE ? « Parce que, se souvient Christian, je n'avais jamais vu un sourire transformer autant un visage que celui de Chenda, lorsque je l'ai photographiée, il y a dix ans, triste et sale, dans les ordures. Soudain, lorsqu'elle a compris que quelqu'un lui voulait du bien, son expression, son regard, se sont transformés, incroyablement. Elle était devenue si radieuse qu'aucune autre image n'aurait pu signifier de façon plus parlante le bonheur que nous voulions offrir aux enfants. »

Chenda était sous-alimentée depuis des années quand elle est entrée au centre de rattrapage. Elle a eu quelques difficultés à suivre sa scolarité mais s'épanouit au contact des tout-petits, dans sa formation d'assistante maternelle. Plus tard, elle espère se marier, avoir une famille « dont elle s'occupera bien ». Ses plus jeunes frères et sœurs sont au Centre ou dans des écoles extérieures. Tous ont travaillé sur la décharge quand leurs parents, ayant perdu maison et travail, sont arrivés de la province du Sud pour trouver plus de misère encore dans les faubourgs de la capitale. Pour Chenda aussi, c'est la pauvreté et le manque d'éducation qui expliquent la violence : si son vœu le plus cher pouvait être exaucé, il n'y aurait plus un seul enfant malheureux au Cambodge. À cette évocation, ses yeux brillent et je retrouve un instant, sur son sérieux visage d'adulte, le célèbre sourire de Chenda.

« Ce qui est formidable, à PSE, c'est que, si on a une idée qui semble bonne à Papy et à Pich (le directeur de la Formation professionnelle), ils vous donnent le feu vert et on peut foncer ! » Charlotte, fraîche émoulue de l'École d'agronomie de Toulouse, se trouve ainsi propulsée avec David, un jeune Cambodgien, à la tête d'une nouvelle section : celle des jardiniers. Elle était venue pour évaluer les possibilités d'emploi dans l'agriculture et le maraîchage; les études ont rapidement montré que l'on manquait plutôt de compétences pour l'entretien des espaces verts dans les hôtels, ambassades, résidences privées. Aussitôt, un programme de formation est établi. Mais il s'avère trop ambitieux pour des apprentis qui ne maîtrisent pas la lecture. Sans céder au découragement, Charlotte et David remettent leur ouvrage sur le métier : la chimie du sol, la reproduction des plantes, les secrets du marcottage ou de la greffe seront enseignés de façon expérimentale, avec des supports audiovisuels et... beaucoup de patience. Charlotte, en même temps, monte un dossier de demande d'aide à des écoles d'horticulture française. « On a besoin de vous, et de tout, plaide-t-elle : au Cambodge, on ne trouve même pas un sécateur correct ! » En attendant et avec les moyens du bord, une promotion de jardiniers progresse; ils ont créé eux-mêmes leur pépinière et commencent à paysager... l'espace du parking. Il est prévu aussi que des instructeurs de la police viennent leur donner une formation en matière de gardiennage, une compétence supplémentaire qui facilitera le placement de ces jardiniers polyvalents.

Absorbant de nombreux jeunes de PSE, le secteur du tourisme se révèle cependant trop fragile pour qu'on mise uniquement sur lui. Un attentat ou une crise politique, une épidémie de SRAS ou de grippe aviaire, une catastrophe naturelle, même s'ils ne touchent pas directement le Cambodge, peuvent faire hésiter les touristes. Et chuter du jour au lendemain la fréquentation des hôtels. C'est pourquoi la nouvelle formation, pour laquelle un beau terrain est réservé à côté du Centre de Phnom Penh, concerne la mécanique.

Comme pour l'École hôtelière, le soutien d'un organisme parrain a été trouvé par l'active équipe PSE du Nord de la France, animée par Dominique Honoré. C'est la Société Norauto de Seclin (59) qui a accepté de signer avec PSE un accord de partenariat; de même, deux lycées techniques de la région ont offert du matériel pédagogique et un module de formation, défini par les élèves eux-mêmes.

C'est donc un véritable garage dont la construction va commencer, comprenant un atelier école et quatre salles de classe. Tous les métiers de la mécanique auto, moto et cycles seront enseignés par des formateurs, Français d'abord, mais très vite relayés, selon le principe fondamental de PSE, par des enseignants cambodgiens. PSE prévoit un rodage de trois ans pour cette mécanique délicate. Quand on a pratiqué les voies de communication et les véhicules locaux, on a peu de doutes sur la réussite rapide de l'atelier de réparation…

Et si demain quelqu'un, à PSE, détecte un nouveau gisement d'emplois, il aura la possibilité de lancer une classe expérimentale. Privilégier l'innovation, donner le droit à l'erreur et faire confiance aux jeunes dans un pays où les personnes âgées sont révérées et leur pouvoir sacralisé, c'est aussi un aspect bien intéressant de la méthode PSE. Et pas seulement pour le Cambodge.

IX

« CE SONT NOS ENFANTS »

Marie-Annick Maspoli est pédiatre à Versailles ; dans la même ville demeure Bertrand Voisard, commissaire général de la Marine ; Bertrand de Gaulejac, plus gascon que Cyrano lui-même, dont il ne renierait pas le modèle, est promoteur à Toulouse, Éliane de Traversay mère de famille à Marseille… Ils font partie du groupe des administrateurs de PSE, une vingtaine de personnes, en Île-de-France où l'association est née et dans la plupart des autres régions. Quand je leur ai parlé des enfants dont s'occupe l'association, tous ont employé la même expression vigoureuse, étonnante : « Ce sont nos enfants. »

À douze mille kilomètres de distance, ils se sentent réellement liés avec Laekhena et Pisei, Chenda, Lim, Rithy et les autres, viscéralement attachés à ces garçons et ces filles que, pourtant, ils sont loin de connaître tous ; quelquefois ils ont seulement lu leur histoire, vu leur image dans le petit journal de l'association ! N'empêche : « Ce sont nos enfants. Nous en sommes responsables. »

Une photo, dans le numéro 2 du fameux journal : celle de la signature officielle, le 10 juin 1996, d'un protocole d'accord avec les ministres cambodgiens des Affaires étrangères et de l'Éducation. Dans la salle d'apparat, entouré de dignitaires, quel est le personnage qui paraphe les documents ? Non pas Christian des Pallières, mais Bernard Colcomb, alors tout récent président de PSE. Christian n'est en effet que l'un des administrateurs de l'association, sans privilège particulier ni droit de veto, avec le seul « titre » de délégué au Cambodge. Une délégation qu'il s'efforce, affirme-t-il, de ne pas outrepasser. Effort méritoire : quand on est le fondateur d'une telle œuvre, comment ne pas manifester un peu de surprise ou d'irritation lorsque d'autres remettent en cause ou discutent à distance les décisions mûries sur le terrain ? Même si la démocratie associative lui pèse parfois, Christian a la sagesse et l'humilité de s'y tenir : c'est lui qui, dès le départ, en a fixé la règle. « J'avais trop souvent vu, dit-il, des autocrates seuls à la barre de leur entreprise humanitaire, s'arrogeant tous les pouvoirs et tous les droits ; cela me paraissait aussi malsain que dangereux. Aussi ai-je refusé de m'entourer d'un conseil d'administration béni-oui-oui, formé d'inconditionnels timorés. J'ai cherché au contraire des personnalités fortes, qui m'apporteraient des compétences différentes mais aussi d'autres façons de voir que les miennes. » C'est peut-être ça, le secret des des Pallières, cette recherche permanente de gens de valeur à embarquer au service de leurs enfants !

Pari gagné : se sentant réellement partie prenante du projet, avec des responsabilités personnelles importantes, comme la recherche de sponsoring ou la sélection des collaborateurs expatriés, allant, pour certains, régulièrement sur place pour y travailler, les administrateurs se comportent vraiment comme des associés. Dans le « couple PSE », on pourrait aller jusqu'à dire qu'ils assument ensemble la fonction d'autorité paternelle tandis que Christian et Marie-France représenteraient la figure maternelle, celle de la proximité, de la tendresse nourricière, de l'urgence au quotidien…

Cette réussite, gage de pérennité pour l'association, est généralement attribuée à la qualité des personnes en cause et notamment aux dons de diplomate et de fédérateur de Bernard Colcomb, le président. C'est du moins ce qu'assurent ses « collègues » et amis, louant d'une seule voix l'efficacité et la cordialité de cet ancien général, ensuite consultant international.

« Depuis 1996, rapporte-t-il, j'ai eu la chance de pouvoir aller une quinzaine de fois à Phnom Penh, dans le but de comprendre les problèmes qui pouvaient se poser et pour voir comment soutenir Christian et Marie-France dans l'immense tâche qui est la leur.

« C'est ainsi que, peu à peu, la comptabilité générale a été mise en place en France, de même le fichier des parrainages, les relations avec les donateurs. À plus long terme, nous essayons maintenant d'établir des plans d'action sur trois ans, à partir des propositions de Christian et Marie-France, qu'il s'agisse du soutien des écoles « extérieures », de la formation professionnelle à Siem Reap, de la reprise de locaux d'une autre ONG à Sihanoukville ou de l'avenir des familles de la décharge, après la fermeture de celle-ci.

« Actuellement, nous réfléchissons aussi à l'animation du réseau PSE en France, qu'il faudra bien imaginer un jour sans la tournée annuelle des des Pallières et sur la création d'associations filiales fédérées, comme c'est déjà le cas dans plusieurs régions.

« Grâce à l'internet, les communications sont quotidiennes entre nous tous et, durant toutes ces années, nous avons pu, en dépit des divergences normales dans un travail aussi délicat ou grâce à elles, contribuer par nos avis et nos démarches en France à l'action de fond menée au Cambodge. Ce qui nous réunit, et qui nous aide à progresser, même dans les difficultés, c'est l'intérêt des enfants. »

Et il ne pouvait manquer d'ajouter : « Voyez-vous, ce sont nos enfants. Leurs sourires retrouvés, quel bonheur ! »

Pour certains administrateurs, c'est d'autant plus évident que plusieurs petites Cambodgiennes, celles qui participent à la tournée, ont été accueillies chez eux. Ou même y ont vécu, comme Laekhena, qui, après une opération chirurgicale en région parisienne, est restée en convalescence chez les d'Amonville, soutiens de la première heure car sœur et beau-frère de Marie-France. François Marion, un dirigeant de multinationales venu aider à structurer « l'entreprise PSE », et sa femme Claude ont eu pour pensionnaires dans leur maison de Phnom Penh six remuantes adolescentes pendant plusieurs mois. Quant à la vice-présidente, Marie-Annick Maspoli, elle parvient à suivre à distance les enfants malades qu'elle a examinés avec le Dr Sarath, lors de ses séjours au Centre. Pour Marie, une petite mendiante sans nom, lourdement handicapée (« achetée » 30$ à la femme qui voulait la jeter...), elle a filmé une de ses patientes françaises, atteinte de la même pathologie, afin de mieux conseiller l'équipe qui s'occupe de l'enfant au Cambodge. D'autres visiteurs français nouent des liens avec tel ou tel jeune de PSE qui viendra peut-être un jour en France pour des études ; le parrainage, qui ne concerne pas tel ou tel enfant nommément désigné, pourra alors s'individualiser sans inconvénient.

C'est dans leur entourage proche que Christian et Marie-France ont d'abord recherché des candidats pour créer leur premier conseil d'administration. Et puis le cercle s'est élargi, plus loin du Bottin mondain et des cercles cathos de l'Ouest parisien… En témoigne Michel Rémillon, agriculteur en Lorraine. « Si je partage, dit-il, les valeurs de l'association, j'apprécie qu'elle soit non confessionnelle. J'ai connu PSE à ses débuts, lors d'un voyage chez un ami agronome au Cambodge ; tout de suite, j'ai été emballé par ce programme d'éducation, ambitieux et sérieux, qui consiste à sortir un enfant de la décharge et à ne plus le lâcher tant qu'il en a besoin. Et puis j'avais rarement rencontré un couple aussi exceptionnel, aussi fort, que celui des des Pallières ; je leur ai proposé d'organiser pour eux une conférence dans ma commune et ensuite je n'ai plus jamais arrêté ! Tous les ans, Christian et Marie-France s'arrêtent chez nous ; une vingtaine de petites Cambodgiennes y sont passées. Après la conférence, on mange ensemble, on refait le monde ! Ce sont des moments formidables. De même, grâce à PSE, j'ai connu toutes sortes de gens de milieux différents, aussi bien des ouvriers du nord de la Moselle, qui sont des parrains fidèles, que des habitants du seizième arrondissement de Paris. Ma vie a complètement changé, elle est sortie de la routine. Et si financièrement je m'appauvris, un petit peu, humainement je me suis énormément enrichi ! »

Michel Rémillon a fait le choix d'embaucher un salarié pour son exploitation céréalière afin de pouvoir consacrer plus de temps au réseau d'amitié et de solidarité de sa région : près de trois cents adhérents, des animations et des démarches toute l'année pour récolter des fonds et, tâche qui lui tient particulièrement à cœur, sensibiliser les jeunes. « Ils sont prêts à se mobiliser autour d'un projet concret. J'essaie de leur montrer que l'homme est capable du meilleur comme du pire, au Cambodge et ailleurs. Certains décident d'aller là-bas ; par exemple, récemment, trois infirmières de Nancy : ces jeunes reviennent transformés et ils trouvent l'expérience plus formatrice qu'une année de fac. »

À l'initiative de Michel Rémillon, déjà bien impliqué dans la vie locale, est née la filiale PSE Lorraine (devenue Alsace-Lorraine grâce à son complice du Haut-Rhin, Joseph Speisser, un fidèle de la première heure). Son statut d'association autonome lui permet de pouvoir bénéficier de subventions ou aides publiques de la part des communes, départements et régions. Cinq autres ont adopté ce statut : PSE Aquitaine, Loire-Océan, Lyon, Nord, et Midi-Pyrénées ; d'autres l'étudient, car l'indépendance de l'association filiale doit s'accompagner du respect de la charte PSE et des règles de fonctionnement définies avec le Conseil d'administration national.

Tous les ans, Michel Rémillon, animateur infatigable, organise aussi un voyage pour emmener une vingtaine de personnes au Cambodge pendant dix jours, dont trois au Centre : du tourisme, mais avec un autre regard, et… un coût ne dépassant pas mille euros.

Jean-Michel Bouchard, frère de Marie-France, n'est allé, lui, pour la première fois à Phnom Penh qu'en 2003 ! Il a pourtant mis ses compétences d'ingénieur-conseil à la disposition de son entreprenant beau-frère dès la naissance, au Liban, de PSE : au départ une très modeste organisation de quelques dizaines de parrainages. Et puis il a participé en tant que trésorier au développement « bananier » du programme cambodgien, avec un budget passé, entre 1996 et 2004, de deux mille à deux millions d'euros par an.

« Maintenant que je suis retraité, observe Jean-Michel Bouchard, la gestion et la comptabilité m'occupent presque à mi-temps. » Avec un souci constant de transparence financière vis-à-vis des donateurs comme des pouvoirs publics : il suffit d'en faire la demande pour recevoir les rapports d'activité et les comptes détaillés, certifiés par un cabinet d'audit extérieur.

D'où vient l'argent ? À quoi sert-il ? Les diagrammes et « camemberts » colorés du bilan présenté chaque printemps à l'Assemblée générale permettent de répondre précisément : la croissance financière de PSE suit exactement celle du nombre d'enfants pris en charge et correspond aux dépenses engagées pour eux. Les parrainages (plus de 4 000 actuellement) constituent 47 % des recettes : chaque parrain s'engage pour un don, par prélèvement bancaire, de 30 euros par mois (donnant droit, comme tous les dons, à une déduction fiscale de 60 %).

Ces parrainages sont le fruit des « tournées » de Christian et Marie-France, extraordinaires et harassantes aventures sur les routes de France, et parfois de pays voisins, d'avril à juillet. Établir l'itinéraire et fixer le calendrier, selon les suggestions et les desiderata des délégués répartis sur tout le territoire est la tâche de Marie-France à partir du mois de décembre. Pendant ce temps, Christian tourne les images et peaufine le montage du film qui sera présenté à chaque soirée, remanié presque tous les ans. Avec un soin extrême, il veille à la qualité de la lumière et du son, sachant combien sont éloquents les témoignages des enfants, les vues alternées de la décharge et du Centre. Le résultat est bouleversant : Marie-France en pleure encore chaque soir de la tournée !

Pas facile non plus de désigner les trois élues qui représenteront, par leurs danses et leur présence, les enfants de PSE. Et qui soutiendront le moral de ses fondateurs durant les longues heures à bord de Nain-Bus, leur camping-car fétiche.

C'est toute leur vie qui leur saute au cou, quand ils débarquent à Marseille ou Saint-Malo, à Metz ou Paris : amis d'enfance, anciens de l'Algérie, collègues d'IBM, colleurs d'affiches du PS de Meudon ou membres de la Communauté du Pain de Vie, jeunes coopérants bénévoles des premières années de PSE. Parrains de toujours ou de l'an dernier. Retrouvailles émues, pour lesquelles le temps manque inévitablement… Demain, c'est une autre ville ; grâce au guidage de Marie-France, penchée sur le plan de la ville, le portable à l'oreille, Christian parvient in extremis à la salle municipale ou paroissiale où s'affairent les organisateurs, toujours un peu nerveux. Rompues à cette manœuvre, les petites Cambodgiennes déroulent les câbles électriques, installent l'écran, déplient des chaises. Sans oublier les corbeilles qui récolteront les fruits de la soirée. Et puis elles vont se maquiller et se parer pour la danse qui accompagne la présentation de Christian. Suivie du film.

« Un soir, raconte Christian, il n'y avait qu'une seule personne dans la salle. Un SDF venu se mettre à l'abri. On a quand même fait la séance habituelle... Il y avait droit. Ailleurs, les gens s'entassent et nous avons eu jusqu'à quatre-vingt-dix parrainages souscrits en une soirée. C'est toujours l'imprévu. »

Parmi des dizaines d'anecdotes – les « fioretti » de la tournée – ce passage, au tout début, dans un lycée professionnel dont les élèves venaient de milieux défavorisés. « Ils ont été bouleversés de voir des enfants plus malheureux qu'eux. Et l'un d'eux a lancé : "M'sieur! faut surtout pas séparer les frères et les sœurs!" Je les ai laissés parler et ce sont eux qui m'ont aidé à élaborer notre premier programme. Quelques jours plus tard, je recevais le montant de la collecte qu'ils avaient effectuée : une somme très importante, huit fois plus que celle recueillie à un dîner de notables du coin ! » En Normandie, c'est un RMIste qui insiste pour offrir la totalité d'un parrainage. Dans les Yvelines, des employés de la sécurité, chargés du gardiennage de la salle de conférence, n'acceptent que la moitié du salaire prévu. Une religieuse de l'Ouest, toute l'année, brode des napperons pour financer son voyage au Cambodge où elle encadre le camp d'été. À toutes les personnes qui s'approchent pour admirer sa broderie, elle raconte l'aventure de PSE.

C'est encore l'histoire de Marinette, une femme discrète, assise tous les soirs au premier rang, dans différentes villes du Midi. C'est une Française réfugiée du Cambodge, où elle était mariée à un habitant de Phnom Penh, disparu, avec leurs quatre enfants, dans les années horribles. En souvenir de son bonheur détruit, elle se dévouera désormais pour l'association.

Les tournées, ce sont aussi ces rencontres coup de cœur avec des jeunes enthousiastes, qui débarquent un beau jour à l'aéroport de Pochentong, persuadés qu'ils vont sauver le monde, et d'abord le Cambodge, par leur générosité. (Après quelques expériences peu concluantes, PSE a mis sur pied une procédure de sélection... Aujourd'hui, à part des professionnels qualifiés qui s'engagent pour plusieurs mois, PSE ne fait venir de France que des petits groupes de jeunes, souvent des scouts avec leurs responsables, pour encadrer les camps d'été offerts aux enfants pendant les grandes vacances.)

Pittoresque, émouvante, surprenante, la tournée est conçue comme un indispensable outil financier : il faut en effet chaque année remplacer deux cents parrains, décédés ou dans l'incapacité de continuer leurs versements. Il faut aussi en augmenter le nombre, même si, aujourd'hui les sources de financement de PSE se sont diversifiées. La présence de Marie-France et Christian dans une région donne, bien sûr, l'occasion aux médias de faire connaître leur action. Elle suscite et encourage des animateurs locaux qui prendront le relais.

Ainsi 24 % des recettes proviennent de dons ponctuels et du produit de manifestations variées : soirées « bol de riz », collectes de Carême dans des paroisses, représentations théâtrales, opération « Un cartable contre un sac-poubelle », vente de produits variés, des jonquilles aux légumes, des brioches aux œuvres d'art. L'imagination du réseau est sans limites ! Avec un record européen battu par les étudiants de Lausanne : 50 000 dollars en un seul gala. Presque aussi bien que la grande « charity party » organisée, fin 2004, par la colonie britannique de Singapour, autour de Christian et Marie-France venus en voisins et hôtes d'honneur. C'est aussi un signe d'espoir que cette ouverture internationale : après PSE Suisse, PSE Allemagne a vu le jour et, à Madrid, un jeune couple motivé pose les premiers jalons de PSE Espagne. La dernière tournée a aussi conduit Marie-France et Christian en Belgique et en Allemagne.

28 % du budget global provient enfin du sponsoring et du mécénat, placés sous la responsabilité efficace d'Éric Marteau d'Autry, un industriel parisien, ami de toujours. « Les programmes ambitieux de la Formation professionnelle, dit-il, sont ceux pour lesquels de grandes institutions et sociétés ont accepté d'intervenir, en finançant par exemple la construction et l'aménagement de l'École hôtelière et l'achat du terrain sur lequel sera implanté l'atelier de mécanique. »

Ce poste des équipements « lourds » est devenu le plus important. Il se situe après celui des salaires et avant le budget nourriture : plus d'un million et demi de repas servis chaque année, soit au Centre et dans les écoles extérieures soit sur la décharge.

Sur place, la gestion de ces sommes qui atteignent chaque mois près de 100 000 dollars – le *doll*, qui vaut de 4 000 à 5 000 riels, est la vraie monnaie locale – doit être absolument rigoureuse. François Marion, à la barre depuis 2003, y veille : « À chaque dollar engagé, on débat de l'utilité de la dépense, on se pose la question : est-ce vraiment dans l'intérêt des enfants ? Et l'ensemble du personnel cambodgien a fait sienne cette préoccupation. Certains collaborateurs prélèvent même, sur leur salaire, le montant d'un parrainage ! » Quant aux expatriés, s'ils acceptent d'être très peu payés, c'est, dit l'un d'eux, « parce que nous voyons bien qu'il n'y a ici ni gaspillage ni luxe. » Pourtant, de l'entretien du générateur électrique aux frais d'assurances, des dépenses de santé à l'achat de tissu pour les uniformes, les charges de fonctionnement, pour un tel travail réalisé, semblent ridicules par rapport à leur équivalent en France. Qui, chez nous, arriverait à nourrir, soigner, éduquer un enfant pour 30 euros par mois ?

C'est un miracle, même si le coût de la vie est évidemment moins élevé qu'en Europe. Ici, les repas sont frugaux. Rien à voir avec une cantine scolaire française : pas d'entrée, pas de dessert, pas de choix. Une simple assiette de riz recouvert d'une bonne louche de légumes et de quelques morceaux de viande ou de poisson. Des vêtements extrêmement simples, faits sur place par des mamans en difficulté.

Et puis, la règle d'or, c'est : pas de gâchis « car, insiste Christian, nous ne sommes que les dépositaires de l'argent qui nous est confié, les "passeurs" entre nos donateurs et les immenses besoins des enfants. »

« Chaque année, confie-t-il, après la tournée, nous revenons très émus par les gestes touchants de personnes aux moyens très faibles, et qui veulent quand même participer au sauvetage des chiffonniers. Ainsi trois enfants d'une même fratrie, qui se cotisent pour réunir le montant d'un parrainage. Ainsi notre fille Caroline, engagée à L'Arche, qui touche le minimum vital et qui, là-dessus, nous donne deux parrainages. Ainsi, de jeunes étudiants, une grand-mère, et combien d'autres encore…

« Aussi, nous passons notre temps à expliquer à nos collaborateurs combien cet argent est sacré et comme il faut le respecter quand on sait que des personnes se privent pour nous le confier. »

Et ce n'est pas Joseph, le président de PSE Alsace-Lorraine, qui dira le contraire, lui qui écrit, expliquant comment il cherche des financements pour sa prochaine mission : « Un sou est un sou. N'oublions jamais que certains donateurs prennent parfois quelques euros sur leur nécessaire pour nous aider et c'est là une des forces de PSE! »

En France, Jean-Michel Bouchard et le secrétaire général Bertrand Voisard ne sont pas peu fiers d'avoir réussi à maintenir les frais généraux de l'association à 7 %, un taux que peu d'ONG parviennent à respecter. « Grâce au bénévolat, nous pouvons nous contenter d'une seule secrétaire salariée et d'un petit bureau en location à Versailles, explique Bertrand Voisard. Beaucoup de nos délégués régionaux ne se font pas rembourser les frais qu'ils engagent pour la publicité ou les déplacements. Et tous paient leur voyage quand ils vont au Cambodge. »

C'est le cas aussi de simples parrains et d'amis fidèles; en quelques semaines sont passés Antoine, ingénieur dans une grande compagnie de distribution d'eau, consacrant ses vacances à expertiser le réseau desservant PSE, Alain le polytechnicien qui, depuis dix ans, participe régulièrement à l'étude de projets, Patrick et Christine, kiné et psychomotricienne dans le Var, venus faire bénéficier l'équipe médicale de techniques de soins innovantes. Entre deux missions, Éric des Pallières, le dernier enfant de Christian et Marie-France, expert en relations internationales, était là aussi. Avec son épouse cambodgienne, Moline, qui travailla au Centre comme « professeur de fleurs » bénévole : elle apprenait aux jeunes à fabriquer pendant leurs loisirs des bouquets en tissu.

Le petit hôtel d'application et son restaurant, « Le Lotus Blanc », la maison d'hôtes, aimable caravansérail au cœur du Centre, réunissent ces passagers chaleureux auxquels les enfants font fête naturellement; sans les connaître, ils ressentent leur intérêt, leur affection. « Nous sommes un peu leurs enfants! » confie la petite Kagna...

X

UNE FAMILLE POUR LES FAMILLES

« Il existe un homme extraordinaire – et c'est Christian des Pallières qui l'écrit ! – Chaque matin, depuis des années, chevauchant une mobylette, il passe des diguettes de rizière aux mares croupissantes, glissant, dérapant, se rattrapant de justesse et maintenant en équilibre, entre ses bras écartés et son guidon, deux énormes marmites. » M. Meas Chân, ancien directeur d'école, n'a jamais manqué son rendez-vous avec les enfants de la décharge : par tous les temps, il leur apporte au lever du jour les plats préparés par sa femme, pour accompagner le riz cuit sur place, 450 à 650 portions. Son fils, professeur de chimie, vient donner un coup de main à cinq heures et demie, avant son travail. Une nièce et la fille de M. Meas Chân sont là aussi, avec une équipe venue du Centre, qui reste présente toute la journée.

La première paillote rudimentaire, construite en 1997,

a été le pivot de l'action de PSE. C'est en y accueillant les petits chiffonniers, sauvages et méfiants au début (« Je croyais qu'on allait prendre notre sang » se souvient l'un d'eux…) que les des Pallières ont commencé à les apprivoiser et pu connaître leurs besoins. Le puits ne donnait pas d'eau potable dans cet endroit mais les enfants pouvaient cependant se laver et boire grâce aux bidons charriés par des bénévoles au dévouement magnifique. Mais cette paillote est vite devenue trop petite, et puis la marée d'ordures a peu à peu dévoré le terrain environnant. Dans l'enclos actuel, à quelques dizaines de mètres en retrait de la décharge, on peut oublier celle-ci, malgré l'odeur et le vent poisseux qui plaque des débris sur le grillage ; c'est un petit havre d'ordre et de paix, avec des installations moins sommaires, qui permettent aux enfants de manger assis à des tables, par groupes de 200 ; ceux qui sont scolarisés à mi-temps dans les écoles du voisinage peuvent apporter leurs livres et être aidés à travailler. Des cours d'alphabétisation sont proposés aux jeunes mamans.

Sous un simple abri, sa mallette de médicaments à ses pieds, le Dr On Bonton, qui s'intitule modestement « bobologue », désinfecte et panse effectivement les bobos des petits chiffonniers, endurants mais ravis de l'attention et de la gentillesse du médecin. Un bébé malingre sur la hanche, une jeune femme s'approche timidement. La petite fille a les cheveux roux, un signe d'anémie et de carence en vitamines. Elle doit aussi être vaccinée. « En cette saison, explique l'assistant social, il n'y a pas de travail dans les rizières de la région, aussi des familles de paysans pauvres arrivent sur la décharge. Cette maman a dix-neuf ans et elle cherche quelqu'un pour s'occuper de son bébé. Cela lui coûtera la moitié de ce qu'elle peut gagner chaque jour. Et, malheureusement, nous ne pouvons pas prendre cette petite à la garderie. »

Beaucoup de ces chiffonniers viennent en effet de régions où l'on meurt littéralement de faim ou des conséquences de la faim. S'il se sait, là-bas, qu'il suffit d'arriver sur la décharge pour qu'une association s'occupe de vous, ce sont des villages entiers qui vont arriver…

« Ce n'est pas la solution, soupire Christian, et il faudrait que d'autres s'occupent, en amont, de développer les campagnes les plus déshéritées. Quant à nous, nous avons été contraints de ne prendre en charge que des personnes habitant sur la commune depuis au moins un an. C'est plus facile à dire qu'à faire! Et c'est si déchirant que, dans les cas extrêmes, on est quand même obligé d'intervenir. »

La garderie, qui a ouvert à la paillote en 2003 pour les enfants de trois à six ans, est devenue une vraie petite école maternelle, qui leur permet d'entrer ensuite dans le circuit scolaire normal. Tout en continuant à bénéficier de l'aide de PSE.

Le nombre d'enfants suivis dans des écoles extérieures est actuellement supérieur à ceux du Centre : 2000 environ. Et cette progression va continuer, car un des défis majeurs de l'association est aujourd'hui non seulement de scolariser plus d'enfants mais aussi de remédier – au moins localement – aux carences du système d'enseignement que le Cambodge a tant de mal à reconstruire.

Il faut toute l'autorité et l'énergie de Puth Sokmean, le responsable PSE de ce programme, pour bien faire comprendre cette action aux directeurs des six écoles primaires et des deux lycées où elle a commencé… Nous voici dans une de ces écoles, où la directrice est acquise à cette coopération, étant elle-même une ancienne de la décharge ; rattrapée par la tragédie, elle y a travaillé à partir de l'âge de treize ans, son père ayant été tué par les Khmers rouges. À la force du poignet, elle a gravi tous les échelons et passé les concours de l'Éducation nationale. Elle nous reçoit dans un très modeste bureau où s'essouffle l'unique ventilateur.

Autour, les bâtiments sont délabrés et surtout insuffisants : dans la cour défoncée et poussiéreuse, on s'entasse à cinquante enfants par classe sous une tente de fortune. Il n'y a ni téléphone ni photocopieuse dans l'école. Le câble électrique a d'ailleurs été volé à plusieurs reprises. L'eau potable n'arrive pas jusqu'ici, la cantine n'existe pas, bien que la moitié des élèves se présente le matin sans avoir mangé. Salaire des instituteurs, de niveau bac plus deux années de pédagogie : 25$ par mois alors qu'il en faudrait au moins 100 pour vivre très modestement. Les directeurs ne gagnent que le double. Eux aussi, ils ne peuvent boucler leur budget que grâce à des compléments officieux versés par les familles. Et par PSE pour les quelque soixante élèves placés ici.

Puth Sokmean note les demandes et remarques de son interlocutrice. Elle sait que dans la commune voisine, l'association a offert un bâtiment de huit classes, comprenant une infirmerie et une bibliothèque bien équipées. Il est vrai que cette école de Stung Mean Chey scolarise 6 500 enfants ! En attendant pareil cadeau, la directrice aimerait que la distribution quotidienne de sandwiches à la viande et aux légumes, faite tous les jours par un camion de PSE, soit élargie à tous les enfants pauvres de son établissement. M. Sokmean, lui, s'inquiète de l'absentéisme de ses pupilles : l'usine de textile proche triche sur l'âge légal, lui est-il expliqué ; et elle attire des écolières de quatorze ans, avec la complicité des parents ; parfois même, ceux-ci paient le contremaître pour obtenir l'embauche de l'enfant. Leurs noms sont relevés, un travailleur social les contactera. Sans grand espoir, malheureusement… Rendez-vous est pris pour le mois prochain : M. Sokmean souhaiterait que, bientôt, chacune des écoles extérieures ait un correspondant pédagogique permanent de l'association.

« Manger et étudier » : les demandes des premiers petits chiffonniers continuent d'être à la base de l'action de PSE. Ainsi un centre de nutrition a-t-il été créé à la suite du passage d'un ami médecin qui a constaté que les nourrissons autour de la décharge étaient tous anémiés, car les mamans, trop fatiguées et usées pour avoir du lait, et trop pauvres pour acheter du lait de substitution, nourrissaient leurs petits d'eau de riz. Ce centre permet d'apporter une alimentation appropriée aux enfants qui ont le plus souffert de faim et de carences. (Dans l'ensemble du Cambodge, soixante-treize nouveau-nés sur mille meurent avant l'âge d'1 an. Sur la décharge cette mortalité est probablement deux fois plus élevée…)

Le centre de nutrition fournit aussi aux jeunes mères des biberons et des doses de lait ; celles-ci sont conditionnées dans des sachets plastifiés où le dessin du soleil et de la lune indique l'heure de chaque tétée. C'est bien sûr l'occasion de donner quelques notions d'hygiène et de puériculture à ces mamans.

Auprès de la responsable du secteur Petite Enfance, Mme Pok, Marie-France fait figure de géante ! Mme Pok est en effet une grande dame de… un mètre cinquante : beaucoup de familles françaises qui ont adopté des enfants au Cambodge avant l'année 2000 la connaissent car elle a été longtemps directrice de l'orphelinat de Phnom Penh (depuis, l'adoption a été suspendue parce qu'elle provoquait des trafics d'enfants. Une nouvelle procédure se met en place : le film de Bertrand Tavernier, *Holy Lola,* qui raconte l'odyssée de parents adoptifs français au Cambodge n'y est pas étranger…)

À PSE, et avec l'aide financière d'une association de Tours, Mme Pok se bat pour sauver les tout-petits, dont les mamans ont accouché souvent dans des conditions épouvantables. Certaines sont épuisées et ne peuvent ou parfois ne veulent pas s'occuper de leur bébé. Avant que des ONG ne soient présentes près de la décharge, des marchands d'enfants s'y tenaient aux aguets… Mme Pok veille avec amour sur les petits dans la journée et parfois même en accueille chez elle les jours de congé. Sa crèche et le jardin d'enfants attenant sont aussi des lieux de formation pour des puéricultrices et assistantes maternelles, toutes anciennes chiffonnières.

Rescapée, elle aussi, des camps khmers rouges, où son mari a été tué, Mme Pok a élevé seule ses cinq enfants ; ceux de PSE sont aujourd'hui sa raison de vivre. Elle va même jusqu'à donner pour eux une partie de son salaire…

Près de la crèche, l'infirmerie conçue au départ pour la « bobologie » des écoliers est devenue un véritable service médical, ouvert aux familles des enfants ; médecins et infirmiers vont jusque chez eux dans des tournées régulières de soins et de surveillance sanitaire des villages du district. Et les véhicules de PSE servent souvent d'ambulances pour emmener les malades les plus gravement atteints dans les hôpitaux de la capitale, bien que les prises en charge ne soient ni vraiment gratuites, ni toujours efficaces.

Le Dr Sarath, un remarquable praticien, et ses collègues utilisent l'acupuncture pour soigner beaucoup d'affections bénignes ; pour d'autres cas, la pharmacie du Centre contient les médicaments les plus utilisés, des génériques achetés en Asie et quelques spécialités apportées des pays occidentaux. Pour soigner les malades du sida, l'association Médecins sans Frontières a entrepris une action qui devrait se développer dans les années qui viennent mais sans pouvoir être à la mesure de l'épidémie, car le Cambodge est le pays le plus touché en Asie du Sud-Est. Grâce à cette action, PSE peut faire bénéficier les malades des familles dont elle a la charge d'un traitement utilisant la trithérapie.

La prévention du sida est au programme des causeries que le Dr Sarath assure dans toutes les classes, car les relations sexuelles sont très précoces ici. De même, PSE a mis sur pied un programme de planning familial, bien que celui-ci soit difficile à faire accepter, par les hommes surtout.

« Comment pourrions-nous nous désintéresser des parents de nos enfants et des conditions dans lesquels ils vivent ? » s'insurge Christian des Pallières lorsque des visiteurs s'étonnent de la diversité de ses préoccupations et des multiples activités de PSE.

« Le soir où la petite Nga est arrivée en pleurs parce que sa famille avait été jetée dehors sous la pluie par le propriétaire, fallait-il la renvoyer sans un brin d'espoir? Et puis, c'est une question de bon sens, si on ne s'occupe pas de la maman malade, les enfants ne mangeront pas le soir ni le week-end chez eux... Ou alors nous serons obligés de récupérer totalement des orphelins qui deviendront nécessairement des pensionnaires, dépendant entièrement de nous. S'occuper de la maman, c'est, forcément, s'occuper des enfants.

« Le logement nous est apparu comme essentiel : à quoi servirait de faire vivre les enfants au Centre dans de bonnes conditions, de leur faire boire de l'eau potable et de les soigner, si c'est pour qu'ils retrouvent, chez eux, un environnement épouvantable, comme dans les familles qui couchent directement sur la décharge? PSE a donc lancé un programme de relogement pour ces familles-là, en achetant un terrain et en y construisant. »

La maman de Nga héberge aujourd'hui quatre orphelins confiés par PSE. Elle rembourse ainsi partiellement sa nouvelle maison. Sa voisine fabrique des paillassons en tissant des chutes de tissu récupérées à l'usine. Le mari est conducteur de cyclo-pousse; il a connecté un petit tube à néon à une batterie « trouvée » à la décharge pour éclairer la cuisine, où dort un nouveau-né, protégé des mouches par une cloche en écorce de bambou tressée. Dans le hamac traditionnel, un autre bébé se berce en chantonnant.

Le lotissement se compose de deux alignements de maisonnettes en bois, bâties selon le plan traditionnel; une pièce fermée à l'étage reliée par une échelle au rez-de-chaussée ouvert. Au bout de la ruelle, le petit bâtiment des sanitaires. Une minuscule boutique propose des légumes, du poisson séché et les sucreries colorées dont les enfants raffolent. Devant chaque habitation, la grande jarre traditionnelle en terre noire que le marchand d'eau vient remplir chaque semaine. Un pied de manguier, quelques poules, un sol maçonné et un toit de fibrociment, c'est déjà la sécurité et presque le confort pour ces familles qui croupissaient dans les ordures. Les bonzes de la pagode la plus proche, c'est un signe, ont inclus ce village dans leur tournée pour donner à ses habitants la possibilité d'acquérir des mérites en leur faisant une offrande... Les maisons reviennent à 800$ chacune, les familles en paient 450 sur deux ans. Pour éviter toute revente inconsidérée, PSE reste propriétaire du terrain sur lequel elles ont été construites voici trois ans.

Mais PSE a pour principe de ne rien donner, d'échanger seulement. On échange les études de l'enfant contre du riz. On ne donne pas une maison, on propose à une personne de la famille un travail provisoire au Centre, qui lui permet un remboursement hebdomadaire de la maison, sur le salaire perçu. Et quand la famille a fini de rembourser, elle devient propriétaire du logement et laisse alors son poste à d'autres, qui pourront acquérir une maison de la tranche suivante, en cours de construction.

À Phnom Penh, c'est le travail qui manque le plus, surtout pour les femmes seules. En raison de la tuberculose, des maladies respiratoires et du sida, beaucoup sont veuves très jeunes, ou abandonnées, parfois contaminées aussi. PSE s'est donc résolue à devenir l'employeur d'une cinquantaine d'adultes peu qualifiés et dont le rendement est faible. D'où le nombre de jardiniers et de balayeuses dans les cours du Centre, d'éplucheuses de légumes et de couturières novices! Une des jeunes pensionnaires les plus entreprenantes, Kela, a, de son côté, obtenu de Papy et Mamie de lancer un atelier d'artisanat pour les mamans les moins valides. Avec l'aide des amis français de passage et l'ouverture dans le Centre d'une boutique, leur production est commercialisée.

Ces « emplois sociaux » sont parfois un sas qui permet à des hommes et des femmes alcooliques ou instables de retrouver leur équilibre et leur dignité et de pouvoir ensuite chercher un autre travail. Ils empêchent en tout cas que les parents les plus démunis ne renvoient leurs enfants sur la décharge.

Autre innovation récente : le microcrédit; ou prêt à taux zéro. « Une goutte d'eau dans notre budget, précise François Marion, mais un moyen efficace d'aider certaines familles à s'en sortir en finançant le matériel nécessaire à un artisan ou les produits de base d'un petit commerce. Ces ventes, dans la rue ou à la sortie des écoles, de plats cuisinés, de fruits et de gâteaux sont traditionnellement faites par les femmes. » Chaque demande est étudiée attentivement afin de bien connaître la situation familiale et de donner aux intéressés quelques notions de gestion. De ce fait, il y a peu d'impayés, les bénéficiaires de la mini-banque venant chaque semaine avec une certaine fierté verser quelques milliers de riels sur la somme empruntée (30 à 60$). La plupart, analphabètes, signent le reçu de l'empreinte de leur pouce… Quel organisme financier normal s'intéresserait à de tels clients?

Mais PSE se comporte en famille, solidaire et à l'écoute, pour les familles de ses enfants…

Malgré ses possibilités d'aide, chaque mercredi, la

réunion du service social peine à résoudre les problèmes apportés par les divers responsables, qui, tous, ont repéré de nouveaux cas. Tard hier soir, traversant Phnom Penh en voiture, Christian a ainsi brusquement fait demi-tour : au bord d'un rond-point, des enfants tiraient une lourde charrette. « Est-ce qu'on les connaît? Qui est le grand frère? » Sur un bout de carton, celui-ci a fini par noter le rendez-vous et promis de se présenter. Les poches de la saharienne de Christian sont pleines de ces petits feuillets où quelques mots résument une détresse, toujours urgente…

Vive, directe, Marie-France anime la réunion, que préside M. Bunna, jeune chef du service social. Elle questionne les six ou sept collaborateurs présents, propose des solutions. Et parfois bouscule les programmes : « Voir cette famille après-demain, M. Bunna? Et pourquoi pas demain? »

L'ordre du jour, ou plutôt son désordre, semble aussi interminable que répétitif : élèves soudain disparus de leur école, parents malades, familles expulsées, conflits de voisinage, dettes à payer. On cherche une issue : proposer un contrat de travail à ce père s'il s'engage à ne plus boire, augmenter la compensation en riz de cette maman abandonnée, trouver une famille d'accueil pour cette fratrie maltraitée. Et cette jeune, en formation professionnelle, qui refuse de poursuivre ses études? « Elle a "tombé l'amour" », traduit M. Bunna, navré : « Elle a 18 ans, Mamie, il faut la laisser. »

Des centaines d'autres dossiers sont encore en attente, concernant des enfants admis à la dernière rentrée dans les écoles extérieures et dont les familles n'ont pu être visitées, ce qui demande beaucoup de temps. En effet, chacune fera l'objet d'un entretien et des photos seront prises pour permettre d'identifier les enfants, dépourvus de papiers, et les différentes personnes qui se présenteront éventuellement au dispensaire ou dans d'autres services. « On prend les enfants, a tranché Marie-France en octobre. Les dossiers, on les régularisera ensuite. »

Chaque jour, les assistants sociaux parcourent les villages de leur secteur, à la fois conseillers en économie familiale et juges de paix, protecteurs des enfants, confidents des mamans, médiateurs entre époux. Avec la douceur et la délicatesse qui président ici à tout dialogue, même s'il faut parfois s'affronter à un père violent ou démissionnaire, à un chef de village vénal.

La nuit, le malheur vient encore frapper à la porte du Centre : l'autre soir, c'était un homme avec un couteau dans le dos...

Année après année, enfant après enfant, c'est donc tout l'environnement de ceux-ci auquel PSE a été amenée à s'intéresser. Sans pouvoir recourir à des structures publiques que la guerre a rendues inexistantes ou inadaptées à l'urgence et aux cas particuliers. Mais en travaillant le plus possible avec les autres ONG, comme *Enfants du Mékong*, avec qui les échanges sont permanents.

« Devant la détresse inouïe des enfants de ce pays, reconnaît Christian, de nombreuses actions différentes sont nécessaires, c'est pourquoi nous essayons toujours d'utiliser les compétences de chacun : *Krousar Thmey* pour les enfants aveugles et sourds, *Médecins du Monde* pour soigner les plus pauvres, *Médecins sans Frontières* pour les malades du sida, *Handicap International* pour les victimes, si nombreuses, des mines, *Our Home* pour les enfants drogués, *Friends* pour les enfants des rues, etc. »

Mais PSE, c'est comme la famille cambodgienne : tant qu'on le peut, on prend soin des siens ! Ainsi pour la petite handicapée sans nom « rachetée » à la femme qui s'en servait pour la mendicité. PSE n'était pas vraiment adaptée à ce genre de problèmes mais, qu'importe, on s'était si vite attaché à elle qu'il n'était pas question de placer cette petite Marie dans une institution : le Dr Sarath, en lien avec le Dr Maspoli en France, et Mme Pok, la directrice de la crèche, s'en occupent. Une ergothérapeute française est venue passer trois mois pour les aider. Et Papy fond de bonheur quand le soir, dans les bras de Laekhena ou Sokunthiery, Marie montre le placard où il garde pour elle des biscuits. Comme n'importe quel grand-père devant les progrès de sa petite-fille.

XI

DEMAIN, PSE

La moto glisse et tangue dans les ornières du sentier; devant une bicoque, un baril de lessive découpé et planté sur un poteau s'orne d'un bâton d'encens flanqué d'une banane : les esprits, ici aussi, sont scrupuleusement honorés. Plus loin, des enfants nus, l'inévitable cochon noir près de la cabane familiale où s'épouillent joyeusement des fillettes dépenaillées qui regardent avec de grands yeux les surprenants visiteurs. Un chemin plus large s'ouvre à droite. Feutres de couleur en main, M. Bunna s'est arrêté : il est venu mettre à jour le plan de ce qui semble un terrain vague, mais où les interventions de ses travailleurs sociaux sont fréquentes et nécessitent des itinéraires précis. Au bout du chemin, soudain la moto bute contre une bétonneuse : des ouvriers s'affairent à sceller un énorme portail, hérissé de grilles dorées. Derrière, une antenne parabolique flambant neuve. Qui donc construit une villa dans ce no man's land sans électricité dominé par une montagne d'immondices ?

Un promoteur bien informé.

Il y aura dix ans, en cette année 2005, Christian des Pallières se mettait à crier devant l'impensable, l'horrifiante réalité découverte à Stung Mean Chey. Il existe dans le monde d'autres décharges plus vastes, comme celles de Mexico et du Caire, d'autres endroits maudits où aucun espoir de travail ne semble exister, comme les bidonvilles d'Haïti ou des métropoles indiennes, les camps de réfugiés soudanais. Mais la détresse matérielle des petits chiffonniers cambodgiens se doublait d'une misère affective et morale plus poignante encore, lançant à qui savait l'entendre un appel tragique, encore presque muet. Un homme s'est trouvé là pour le capter. PSE a démarré sur son coup de gueule et de cœur devant un univers monstrueux qu'il se jure alors de détruire. À mains nues, aux débuts de son combat.

Celui-ci toucherait-il à sa fin ? Personne n'a pu ignorer la réalité dénoncée par les conférences et les films des des Pallières, répétée dans de nombreuses villes de France et d'Europe, relayée par des journalistes de la presse écrite et de la télévision, des photographes et des cinéastes (récemment Patrice Leconte et Bertrand Tavernier) venus sur place. Peut-être est-ce une des raisons pour lesquelles la suppression définitive de la décharge est enfin décidée. (Qui sait qu'à Paris, il a existé jusqu'à la guerre de 1914, dans les quartiers de Javel et Grenelle, des villages de chiffonniers, qui végétaient dans des cabanes en carton en vendant leur pauvre glane d'os, de métaux et de caoutchouc ?)

Les causes mises en avant par la municipalité de Phnom

Penh pour la suppression de l'épandage des ordures sont d'abord d'ordre écologique et économique : la décharge pollue, empuantit l'atmosphère et constitue un foyer permanent d'infections ; elle occupe sans profit de vastes espaces, qui pourraient être mieux employés, aux portes d'une métropole en expansion, où la population s'accroît, en raison de la natalité (4,77 enfants par femme) et de l'exode rural et où l'on manque de terrains pour construire des logements et d'autres équipements.

La fermeture de la décharge, le traitement des déchets, triés automatiquement puis recyclés ou transformés en engrais paraissent donc rationnels et rentables. C'est en tout cas l'opinion des responsables de l'étude menée par une organisation japonaise, la JICA, pour le compte des autorités cambodgiennes. Son gros rapport, extrêmement documenté, conclut en préconisant la construction d'une usine de retraitement des ordures et d'incinération dans un site choisi à une vingtaine de kilomètres de la capitale. Les bennes de ramassage, dont les tournées seront plus fréquentes, déchargeront leur contenu dans des conteneurs appropriés et l'entrée des installations sera interdite aux chiffonniers.

L'aspect social de ce dossier n'est pourtant pas ignoré : bien que sous-estimant sans doute le nombre des familles vivant de la décharge, les enquêteurs japonais ont tenté de les recenser et ont étudié leurs conditions de vie, en soulignant l'apport essentiel des ONG. Mais, s'ils posent la question de l'avenir de cette population, ce n'est pas à ces techniciens étrangers qu'il appartient de fournir des solutions… Parallèlement à leur enquête, la société maître d'œuvre a cependant réalisé des travaux préliminaires utiles :

une grande partie de la décharge est clôturée, un poste de garde y a été installé ainsi qu'une ligne électrique, des routes ont été tracées; on a même commencé à distribuer des cartes d'accès aux chefs de famille déjà chiffonniers.

Une seconde phase de l'opération est en cours : à PSE, un jeune cadre administratif, M. Neang a été engagé pour suivre ce dossier. Il participe aux réunions du groupe de réflexion qui rassemble les représentants des communes ainsi que des ministères concernés, les promoteurs du projet et les ONG compétentes. Pour aider les travailleurs sociaux, déjà surchargés de travail, M. Neang et M. Bunna ont embauché plusieurs dizaines d'étudiants, chargés, durant les week-ends, de visiter chaque maisonnée à proximité de la décharge pour connaître avec plus de précision le nombre des adultes et des enfants qui y demeurent et recueillir leur opinion et leurs besoins en cas de suppression de la décharge. Car, à PSE, on ne décide rien sans tenir compte de la parole des intéressés, fussent-ils de petits enfants…

« Bien que cette série d'entretiens ne soit pas terminée, il semble déjà clair que, si les familles sont bien informées du projet (de gigantesques panneaux à l'entrée de la décharge le décrivent), elles n'ont aucune stratégie pour leur propre avenir », assure un enquêteur. Certains des adultes qui vivent là y sont nés, déjà fils et filles de chiffonniers mais la plupart sont arrivés après 1980. La guerre civile a tué beaucoup de chefs de famille, détruit et ruiné des villages entiers où le terrain miné ne permet plus la culture. D'autres terres ont été confisquées et attribuées aux réfugiés à leur sortie des camps mais les meilleures ont souvent fait l'objet de spéculations et de passe-droits. Sans crédits pour des travaux d'irrigation, dans les régions sèches, les paysans n'obtiennent qu'une récolte de riz par an, alors que le Cambodge était réputé en avoir deux, et parfois même trois, à l'époque mythique d'Angkor. Et, faute d'installations frigorifiques, les poissons du Tonlé Sap, le plus grand vivier d'Asie, descendent le Mékong dans des enclos flottants pour être consommés… au Vietnam. En ville, l'activité économique générée par l'intervention des Nations Unies et la présence de ses 25 000 représentants en 1992 et 1993 n'a guère profité au peuple. « Lorsque s'est tari le flot des trois milliards de dollars du budget de l'Autorité provisoire – dont une grande partie retournait dans les pays d'origine par l'intermédiaire des salaires et des achats de véhicules et autres équipements – commente un observateur de l'époque, on s'est aperçu que seules trois activités étaient en plein essor : la corruption, la prostitution et… la charité. » Celle-ci n'avait d'ailleurs pas atteint la décharge.

Dans ces conditions, comment les chiffonniers sans instruction ni soutien pourraient-ils envisager leur avenir ? « Manger et étudier », comment la demande des enfants qui naissent aujourd'hui pourrait-elle être différente de celle de leurs aînés ?

En effet, la nouvelle usine de traitement des ordures ne fournira qu'une cinquantaine d'emplois et ceux-ci demanderont un minimum d'aptitudes. Ne les obtiendront que des adultes qualifiés ou demeurant déjà à proximité du site.

« Le jour où la décharge disparaîtra, martèle Christian, nous serons très heureux de savoir qu'il n'y a plus d'enfants qui y travaillent.

« Mais a-t-on pensé à ce que vont devenir ces milliers

de parents qui vont se retrouver, d'un jour à l'autre, sans cette maigre ressource qui leur permettait quand même de survivre ? Et ce sont, hélas, les enfants qui risquent encore d'en pâtir le plus…

« Devant un nouveau problème insoluble, les parents ne vont-ils pas se retourner, une fois de plus, vers la seule solution qui puisse encore leur rapporter : retirer leurs filles de l'école pour les vendre comme esclaves dans des familles ou pour la prostitution ? Et, dans ce cas, c'est vers la mort qu'on les envoie car la prostitution enfantine, ici, est clandestine, donc non contrôlée. Et c'est l'enfer, puis le sida, puis… Au mieux, les enfants seront envoyés mendier ou « chiffonner » en ville où d'autres dangers les guettent : les bandes, la drogue et, encore, la prostitution.

« Trouver un emploi de substitution pour des pères alcooliques et des mères usées, fatiguées, demande un investissement considérable dépassant les moyens actuels de PSE. C'est là notre inquiétude.

« Et puis les familles des enfants vont-elles pouvoir rester dans cette région de la décharge lorsque, cette dernière ayant disparu, les prix des terrains se mettront certainement à flamber ?

« Un nouveau défi nous attend… »

Mais, porté par la foi et l'enthousiasme qui ne lui ont jamais fait défaut, il s'empresse d'ajouter : « Ce nouveau défi, pourquoi ne serions-nous pas capables de le relever ? »

C'est donc à un nouveau tournant de son histoire que se trouve PSE. Cela n'inquiète pas non plus outre mesure François Marion, qui rappelle les autres *challenges,* réputés impossibles, pourtant atteints dans le passé : nombre des enfants aidés doublant tous les deux ans, mise sur pied de la Formation professionnelle, khmérisation du personnel qualifié, à 90 % cambodgien aujourd'hui. Aucun de ces objectifs n'aurait paru réalisable il y a dix ans ! « Les membres de l'association en France sont tout à fait capables de nous suivre dans un nouveau programme, assure François, comme d'autres administrateurs. C'est essentiellement un problème de communication et Christian a prouvé son talent extraordinaire dans ce domaine. »

Reste que d'ici 2008, des options devront être prises, toujours en fonction des enfants. C'est pour eux que PSE existe, même si elle a montré qu'elle ne se désintéressait pas de leurs parents. Faudra-t-il, pour ceux-ci, développer les emplois sociaux et créer de petites entreprises, concevoir des formations pour adultes, soutenir l'implantation d'une ONG partenaire spécialisée ? Sans perdre de vue le cœur du problème : la scolarisation des enfants et des jeunes. Si les chiffonniers sont expulsés de la décharge et relogés ailleurs, on peut imaginer un système de ramassage pour les écoliers actuellement pris en charge, mais transporter mille enfants suppose la rotation de cinquante bus ! La construction de bâtiments scolaires, comme PSE le fait déjà autour de Stung Mean Chey, constitue une autre possibilité, avec, éventuellement, un internat qui accueillerait les enfants pendant la semaine.

Et il n'y a pas que la capitale : à Siem Reap, au moment de l'inauguration du Foyer PSE, le gouverneur de la province n'a-t-il pas confié : « Vous savez, ici aussi nous avons une décharge. Et des enfants qui y vivent… »

Marie-Annick, Michel, Bernard, Bertrand, Jean-Michel et des centaines d'amis n'en doutent pas : dans les années qui viennent, PSE va développer encore son action en la diversifiant. Et tous sont prêts à suivre cette nouvelle aventure. Avec eux, Christian et Marie-France, comme ils l'ont toujours été jusque dans l'adversité, restent confiants. Car leur espoir repose très concrètement sur le réseau de solidarité en Europe et sur ce qu'ils ont construit aussi au Cambodge : une génération s'y lève, passionnée par l'avenir et prête à y investir, comme ils l'ont fait eux-mêmes, ses capacités et son amour. Le couple de Pich et Laekhena en est le symbole.

Leur mariage a eu lieu en janvier 2002, avec l'éblouissant défilé des parures (les mariées portent jusqu'à quinze tenues différentes dans la journée !), le rituel aux riches symboles et le banquet final exigés par la tradition, avant qu'ait lieu, selon la jolie expression cambodgienne, « le rapprochement des oreillers ».

Deux ans plus tard, une des invitées rencontre Laekhena au « marché russe » où les jeunes femmes achètent souvent des vêtements d'occasion. « Tu as eu un enfant ? » interroge l'amie. La réponse la laisse sans voix : « Oui, un petit garçon, Michel. Avec les autres, cela nous en fait quatorze ! »

« D'abord, commente Pich, les gens ne nous croient pas. Ensuite, ils ne nous comprennent pas. »

Laekhena est l'aînée d'une des fratries recueillies par PSE : un petit garçon et quatre filles, plus grandes. À son mariage avec Pich, Christian et Marie-France remplaçaient ses parents. Ils considèrent les jeunes époux comme leurs enfants et, peut-être, les continuateurs de leur action. Pich (c'est un diminutif : son nom complet est Pin Sarapich) a le titre de Directeur de la Formation professionnelle et d'adjoint au Directeur des programmes : Christian des Pallières, pour le moment. Né en 1978, il n'a pas trop souffert des événements d'alors, bien que l'occupation vietnamienne, après la libération de 1984, ne lui ait pas laissé de bons souvenirs : « Il régnait partout un climat de vengeance et de haine, se souvient-il ; même les chansons à la radio étaient sanguinaires. »

Son grand-père étant français, Pich est parfaitement bilingue et, très doué pour les études, a accumulé les diplômes universitaires. À vingt-deux ans, il accepte un poste commercial dans une affaire d'importation de vin, qu'il a rapidement développée, puis dans la production de films. C'est ce qui l'amène un jour à répondre à une annonce d'une ONG qui cherche un collaborateur compétent dans les techniques audiovisuelles.

« J'ai pris ma décision le jour même, se souvient-il. J'ai rencontré Papy, qui m'a expliqué ce qu'était PSE ; surtout, en traversant le Centre, j'ai vu tous ces enfants, leur rire ; un petit garçon s'est jeté sur moi pour que je le prenne dans mes bras. Cela m'a profondément touché. Je ne savais rien de la décharge, aussi j'ai été sur place : c'était horrible, inimaginable. Je me suis dit que si on pouvait faire quelque chose, c'est là qu'il fallait être. Ma famille a critiqué mon choix, pensant que je pouvais avoir ailleurs une bien meilleure situation… »

De son côté, Christian a détecté dans ce jeune et brillant manager un homme de cœur comme il les aime. Très vite, il en fera un interlocuteur privilégié. Une faveur que tous remarquent mais que la valeur humaine, le travail et l'intelligence de Pich s'emploient à justifier.

Il ne s'occupera que peu de temps de l'audiovisuel, remplacé par Cheat, venu lui… de l'École des Eaux et Forêts et qui fait aussi office de surveillant d'internat ! Cette souplesse et cette polyvalence sont fréquentes à PSE mais aussi dans beaucoup de pays en développement où les diplômes mènent à tout et où, pour travailler avec les étrangers, les jeunes sont prêts à s'adapter.

Laekhena, qui a accompagné deux fois Papy et Mamie en France, termine ses études lorsqu'elle se fiance avec Pich. Avec ses sœurs et quelques autres pensionnaires du Centre, elle participe à des actions sociales : après-midi sur la décharge pour s'occuper des enfants petits, balades en patins à roulettes et parties de chasse aux crabes avec les plus grands, et aussi visite aux parents malades du sida à qui elle achète, sur son argent de poche, quelques douceurs. Les enfants la passionnent ; dès leur mariage, Pich et elle proposent d'accueillir chez eux ceux à qui la vie collective ne convient pas. Ainsi, Choub, un petit garçon de sept ans environ qui ne parlait pas, muré dans son désespoir d'enfant constamment battu et malmené. Au bout de quelques mois de vie familiale, il a commencé à chanter et à jouer. Peu à peu, il semble se reconstruire. Pich connaît le père de l'enfant et ne le rejette pas : « C'est un ancien militaire, gentil jusqu'à six heures du matin. Après, il boit et c'est terrible. Il a eu un petit emploi à PSE mais n'a pas pu s'y tenir. Je reste en contact néanmoins. » D'autres adolescentes en difficulté s'épanouissent ici, sous l'œil attentif du jeune couple. Et il a accueilli aussi les jumelles Sarome et Sarane, ces deux orphelines que les des Pallières ont recueillies toutes petites.

Laekhena et Pich, avec leur famille nombreuse, reproduisent à la cambodgienne l'atmosphère familiale qui règne chez Christian et Marie-France. Jusqu'à la musique, puisque Pich joue de la guitare et qu'avec Laekhena il est allé chanter dans les rues pour financer un repas de Noël sur la décharge : convertis tous deux au christianisme, ils y joueront même des scènes d'Évangile.

Est-ce vraiment possible d'aimer comme le sien treize enfants étrangers, âgés de trois à seize ans et parfois difficiles ? Avec une assurance tranquille, sans rien de fanfaron, le couple répond : « Nous, on peut. C'est juste un amour différent pour chacun. Les petits, ce sont vraiment nos enfants. Quand la loi le permettra, on essaiera de les adopter. Les grands, nous les considérons plus comme des frères et sœurs. Tous ensemble, nous sommes heureux. »

Pour sa grande famille, Pich achète à crédit une maison moderne, dans un quartier tranquille où l'on peut jouer au foot dans la rue. Et garer la camionnette qui lui permet d'emmener tous ses enfants à l'école le matin. Tandis que Laekhena part à son travail : chargée par PSE du recrutement et de la formation de familles d'accueil, elle en suit une trentaine.

L'avenir de PSE, c'est aussi leur affaire. Et pas seulement parce que leur vie personnelle et professionnelle y est intimement liée. « PSE ne doit pas s'arrêter là, affirme Pich. On peut faire plus. On peut donner plus. C'est une question de volonté : si on veut, on trouvera les moyens. »

Un discours dans lequel Christian et Marie-France se reconnaissent totalement, même s'ils ont 35 ans de plus.

Le couple emblématique de Pich et Laekhena fait figure de modèle pour les enfants du Centre qui ont tant besoin de croire au mariage, à la famille. Mais d'autres jeunes adultes sont tout disposés à les suivre pour faire grandir PSE, en joignant à la douceur cambodgienne l'efficacité occidentale. Ils l'ont apprise des spécialistes étrangers qui viennent se mettre à leur service, avec le souci constant de transmettre le meilleur de leur savoir dans des formes assimilables par une culture différente. Que faut-il admirer le plus : la générosité et l'humilité de ces expatriés, souvent des jeunes, ou la patience de leurs homologues khmers qui accueillent de bonne grâce une succession d'interlocuteurs aux méthodes et aux exigences différentes et qui ne parlent pas leur langue?

« C'était un peu fatigant au début de travailler avec Nicolas, Sophie ou Marie, confie un des jeunes cadres. Ils vont vite, ils parlent fort et souvent on ne comprend pas ce qu'ils veulent. Nous devons les aider à s'adapter car ils n'ont plus leur famille, leurs amis, et souvent, ici, ils changent aussi de travail. Heureusement, il y a l'humour : on rit ensemble et on recommence. »

Vues par une autre Marie, spécialiste en organisation du travail, à PSE depuis quinze mois, les choses ne sont pas très différentes! « C'est sûr que la mentalité khmère nous déstabilise; pour nos cerveaux cartésiens c'est un obstacle! Et puis ici élever la voix, avoir une attitude désinvolte avec des gens plus âgés ou prendre des initiatives quand on n'est pas le chef, cela ne se fait pas… Mais l'important c'est de bien tenir la ligne fixée au départ pour nous, les expats : ce que nous apportons ne restera pas à l'identique, il faut que les Cambodgiens se l'approprient; si c'est utile pour eux, ils le garderont. Ce qui n'est pas utilisable par eux, c'est nul. »

Marie va partir, Sovannary, avec qui elle a travaillé en binôme, restera. Très intelligente et brillante, elle est capable désormais d'assumer des fonctions importantes. La promotion des femmes est aussi un souci constant de PSE et un atout pour son avenir.

XII

« LE CAMBODGE EST UN PAYS MAGNIFIQUE... »

Ainsi commencent les soirées de la tournée PSE : « Le Cambodge est un pays magnifique... » Profession de foi de Christian des Pallières, qui précède son film et la danse de deux jeunes filles richement parées; et puis, ôtant leur diadème, les petites *apsaras* s'éclipsent pour réviser en coulisses leurs leçons du lendemain.

Descendre le Mékong entre les villages de pêcheurs perchés sur des échasses comme les hérons de la rive, suivre un enfant juché sur le dos d'un buffle couleur de bronze, se perdre dans le damier d'eau, le vert infini des rizières, affronter un soir la forêt primitive et la magnificence oppressante des temples aux sculptures en dédales, où les chauves-souris et les vieilles femmes en prière veillent immobiles près des petits feux, dans l'ombre... Jusqu'à la mer, marcher sur le sable doux au pied d'une colline. La beauté naturelle du Cambodge est magique, à la fois grandiose et humaine car le peuple cambodgien en habite harmonieusement l'espace, même si c'est avec une grande pauvreté. Son accueil est généreux et joyeux, sa présence légère.

Qui vit depuis longtemps dans le Royaume en sait évidemment bien plus, partageant la douceur de vivre et la confiance des sourires mais aussi la cruauté, les blessures et l'injustice écrasantes. Christian et Marie-France des Pallières ont choisi de faire corps avec ce pays qu'ils aiment profondément et défendent de tout leur cœur : la nationalité cambodgienne leur a été accordée par le gouvernement en 2002, avec l'appui du Roi lui-même.

C'est donc dans l'intérêt de leur patrie commune qu'ils veulent poursuivre et développer l'action entreprise avec et pour les enfants de PSE, dont certains sont déjà des femmes et des hommes d'avenir. Comme Sopheara.

Ce grand garçon de vingt ans, capitaine de l'équipe de rugby du Centre, a commencé en 2004 ses études de médecine. « Huit ans… mais j'aime quand même ! » sourit-il. Le travail, il connaît : à six ans, il avait déjà trois métiers. Pêcheur dès quatre heures du matin dans un petit lac, ramasseur d'herbes comestibles ensuite, puis chiffonnier sur la décharge, où il aurait laissé sa vie si ses copains n'avaient réussi à lancer un caillou sur le conducteur du bulldozer en train de l'écraser. Au fil des années, il a vu sa famille décimée par les épidémies. Est-ce pour cela qu'il veut être médecin ? Peut-être. « J'aime ce travail. J'aime soigner les gens, connaître le corps humain, les maladies. » Malgré une scolarité intermittente, il a brillamment passé son baccalauréat. Quelques semaines plus tard, Papy a réuni tous les lauréats : dix-huit garçons et filles sur les dix-neuf présentés. « Ne pensez pas aux problèmes que cela va poser ! a-t-il recommandé. Mais ce que vous voulez faire, dites-le. » Les rêves énoncés sont raisonnables : le Droit, l'Informatique, l'Économie, le Tourisme, le Management. Et la Médecine.

Chacun des jeunes s'est vu offrir un vélo (et un casque), une place dans la « maison des étudiantes », juste ouverte dans le Centre, pour les filles, ou dans un foyer en ville pour les garçons. Et tous les frais d'études, sans contrepartie.

Sopheara sait déjà qu'il est attendu pour son premier stage par le Dr Sarath et ses collègues de PSE. Profondément croyant, il veut, comme eux, refuser la corruption et appliquer la morale bouddhiste du « gain juste » : se contenter de son salaire sans monnayer soins et médicaments aux familles désemparées. Les hôpitaux et les grandes villes du Cambodge (ainsi que ses 14000 villages…) manquent cruellement de personnel médical compétent et intègre : si Sopheara résiste à l'attrait d'une carrière à l'étranger, sa voie est toute tracée.

Non, toute l'élite cambodgienne de demain ne sortira pas de PSE ! Et tous les enfants de Papy et Mamie ne deviendront pas médecins, économistes ou directeurs de sociétés. Mais déjà ils ont acquis un des biens les plus précieux sur la terre et particulièrement en Asie, où son absence équivaut à la mort sociale : la dignité, la « face ». Il faut voir ainsi avec quelle satisfaction secrète Vantha, hôtesse pleine de vivacité, à l'aisance parfaite, conduit les hôtes de marque sur la décharge. « Je la connais bien : c'est là que je suis née », indique-t-elle aux visiteurs stupéfaits ; sa désinvolture masque en fait une grande fierté d'avoir vaincu cette malédiction des chiffonniers, la honte. Non celle de leur mode de vie et de leur pauvreté. Mais celle qu'assigne à leur groupe le mépris d'une société au fatalisme impitoyable. Quand les enfants de PSE gagnent un championnat ou réussissent à un concours, quand un jeune est engagé dans une entreprise, leur joie et celle de leurs éducateurs célèbrent, bien sûr, la revanche sur la misère mais aussi et bien plus, une avancée vers l'égalité des chances, la reconnaissance de la valeur des petits et des humbles, quels que soient leurs handicaps. C'est une des leçons de morale pratiques que donne PSE, tout en s'interdisant de prêcher autrement que par l'exemple. C'était aussi le sens de l'invitation de la reine du Cambodge lorsqu'elle reçut au Palais un groupe d'écoliers ex-chiffonniers rayonnants, et très à l'aise sous les lambris. Et les expatriés aujourd'hui rentrés en France se souviennent tous avec émotion des qualités de courage et de ténacité de ces enfants.

Dans le domaine pédagogique, le Centre PSE est reconnu comme une institution pilote pour le Cambodge : tout autant que l'ambassadeur de France, les autorités cambodgiennes y conduisent des personnalités et des professionnels, comme, en 2003, un groupe important de directeurs d'établissements scolaires. Un des grands espoirs des années à venir, c'est que le soutien de PSE aux écoles publiques de son entourage dépasse la construction de locaux et l'aide financière et alimentaire jusqu'à entraîner un partage des méthodes et du savoir-faire et, surtout, la reconstruction morale des cœurs, tellement détruits par la guerre ; les enseignants cambodgiens du Centre sont évidemment les mieux placés pour transmettre à leurs collègues à la fois des techniques pédagogiques et une approche globale du développement de l'enfant, fondée sur le respect et l'attention pour chacun. Là encore, c'est aller un peu à contre-courant dans une culture où l'enfance n'est guère considérée : fervent lecteur de dictionnaires, Christian a remarqué dans l'un d'eux que l'on emploie le même pronom khmer pour désigner l'enfant et l'animal… Dans ses fameuses leçons de morale du vendredi, il aborde souvent les Droits de l'Enfant, rappelant avec satisfaction que le Cambodge est parmi les premiers signataires de cette Convention, considérée comme révolutionnaire dans bien des États, mais qui donne lieu ici à une fête officielle chaque 1er juin.

« Travailler à PSE, c'est travailler pour mon pays », n'hésite pas à dire, lui aussi, un cadre administratif, ancien journaliste politique. Il aurait pu, affirme-t-il, avoir des fonctions importantes dans son parti, se présenter aux élections. Mais il pense que les ONG ont actuellement une action plus efficace en aidant directement la population. Débat : ces ONG ne détournent-elles pas du service public les meilleurs éléments ? En leur assurant des salaires substantiels, ne créent-elles pas une nouvelle classe de privilégiés, au service des intérêts d'institutions étrangères ? Celles-ci ne sont-elles pas fragilisées par leur recours à des financeurs privés ? Et n'est-ce pas une grande tentation pour un État pauvre que de laisser ces organisations jouer, de fait, le rôle de ministre des Affaires sociales ou de la Santé, avec leurs propres critères et méthodes ? Mon interlocuteur s'étonne de telles questions qui, d'après lui, ne peuvent être opposées à l'action de PSE. « C'est vrai, répond-il, les ONG ont de l'argent ; mais l'État lui-même reçoit aussi des fonds de l'étranger ; la vraie question me semble plutôt : pourquoi n'adopte-t-il pas les principes d'action et de gestion qui réussissent aux ONG, à leur personnel et aux personnes qu'elles aident ? » Et de citer les propos sévères d'un responsable des Nations Unies en mission à Phnom Penh en novembre 2004, propos reproduits par toute la presse : « Quatre fléaux frappent toujours le Cambodge : la pauvreté, la violence, la corruption, l'absence de Droit. »

Les des Pallières s'interdisent, quant à eux, toute ingérence politique. « Notre mission est d'aider les enfants ; nous n'intervenons que lorsque les enfants sont ou risquent d'être des victimes. »

Même discrétion en matière religieuse, la charte de PSE garantissant son caractère non confessionnel. Christian et Marie-France ont un devoir de réserve auquel ils se tiennent scrupuleusement. Dans la réunion générale du vendredi, avec tous les élèves, pas question de prosélytisme. On y parle des religions comme prévu dans les programmes scolaires et on s'y initie à la méditation. Mais c'est tout. Ce n'est pas comme catholiques qu'ils se battent pour les enfants de la décharge. C'est comme êtres humains, tout simplement.

« Pas question, non plus, de cacher notre foi et ce qui nous anime », affirme cependant Christian. « Quand un enfant demande à connaître notre religion, c'est sa liberté et son droit le plus strict. »

Le soir, parmi le petit groupe des pensionnaires, certaines avaient demandé la prière. Alors, Papy et Mamie avaient décidé de la faire en trois parties : la première serait réservée aux bouddhistes et dirigée par un professeur, ancien *achar* (responsable laïque de pagode). La deuxième serait un moment de silence pour tout le monde. Et la troisième serait pour les chrétiens.

Et puis, au bout d'un an, les enfants ont demandé à rester tous ensemble…

Aujourd'hui, à la prière du soir, on pourrait presque crier

au syncrétisme en voyant une image de Bouddha voisiner avec une icône de la Vierge, les bougies étant également réparties devant elles! Christian préside à la veillée. « J'ai voulu faire venir un bonze pour expliquer aux enfants le bouddhisme Theravada, religion de 97 % des habitants du Cambodge ; malheureusement les savants et les sages ont disparu sous la période khmère rouge et il y a aujourd'hui trop peu de bonzes qui connaissent vraiment le bouddhisme. » Qu'à cela ne tienne : Christian, qui a replongé dans ses livres, captive son auditoire avec l'exposé de la doctrine bouddhique du « noble sentier aux huit chemins », prêchée par Bouddha. Il sait montrer aux enfants les points de convergence morale des religions et exposer les divergences théologiques. La veillée alterne récitation des hymnes bouddhiques et lecture de l'Évangile. Bougies éteintes, chacun confie ensuite à mi-voix ses intentions de prière à la puissance céleste qu'il a choisi d'invoquer.

À l'image du Père de Beaurecueil, apôtre des enfants musulmans de Kaboul, et du Père Ceyrac, autre figure charismatique œuvrant surtout en Inde, qui sont leurs amis, les des Pallières travaillent à la connaissance mutuelle et à la compréhension entre les religions.

Il y a donc chez les jeunes de PSE de fervents bouddhistes et aussi des chrétiens mais ce sur quoi tout le monde tombe d'accord, c'est sur la nécessité d'aider les autres et ce sont les pensionnaires croyantes qui se montrent les plus actives dans les groupes d'entraide. « Dans l'Évangile, ajoute Christian, il est écrit “J'ai eu soif et vous m'avez donné à boire, j'étais un étranger et vous m'avez accueilli, nu et vous m'avez vêtu, malade et vous m'avez visité, prisonnier et vous êtes venus me voir.” Il n'est pas dit qu'on nous demandera si nous étions chrétiens, bouddhistes, juifs ou musulmans… »

La solidarité et la compassion, on pouvait les croire disparues du Cambodge après ses épreuves. Il est impressionnant de constater que ce sont chez les plus meurtris de ses enfants que peuvent refleurir les valeurs de base nécessaires au relèvement du pays.

Ce ne sont pas les éducateurs mais les jeunes de PSE qui ont lancé des initiatives comme l'atelier pour les mamans malades ou en grandes difficultés, la création de loisirs le week-end pour les enfants de la décharge, l'aide scolaire des grands aux plus petits, le groupe d'écoute. Et le climat de non-violence et de tolérance qu'on ressent fortement au Centre, dans les relations entre les enfants mais aussi chez les adultes, tous ces signes sont porteurs d'espoir car plus que des équipements et des méthodes, c'est son esprit que PSE voudrait transmettre à une nation traumatisée par son passé et repliée sur ses problèmes.

« Face à l'immense détresse des enfants du Cambodge, notre programme nous semble désespérément minuscule, déclare Christian. Qu'est-ce que 4 000 enfants aidés, par rapport aux millions, ici, qui sont sous-alimentés, qui n'ont pas accès aux soins, et vivent tant d'autres difficultés ? Mais si chaque enfant de PSE démultiplie l'engagement vis-à-vis de la solidarité, vis-à-vis de la justice et de l'honnêteté, comme ils en ont l'intention et comme ils ont déjà commencé à le faire, alors, ce programme n'est plus si petit. »

Il est impressionnant en effet de voir les étudiants de PSE militer pour l'égalité des sexes ou se passionner pour l'écologie planétaire ou les relations internationales. Un de leurs aînés, traducteur et cinéaste, s'est même inscrit par internet au cours d'éthique de l'université de Nantes. De tels liens, comme la présence des expatriés, adultes mais surtout jeunes d'une qualité humaine et professionnelle remarquable, le passage tout au long de l'année d'administrateurs, parrains et amis de l'association, contribuent à leur ouverture d'esprit. Et c'est aussi un gage de développement durable du Cambodge. Quant à ces Européens, venus à la découverte de PSE, ils sont devenus des ambassadeurs écoutés du pays qu'ils ont appris à aimer.

C'est tout cela qui fonde la confiance de Christian et Marie-France pour l'avenir de leur cher Cambodge, que certains disaient blessé à mort après l'épouvantable saignée des Khmers rouges.

« PSE, soulignent-ils, c'est bien sûr ce réseau extraordinaire du Conseil d'administration, des organisateurs de soirées, responsables de régions, parrains, donateurs, amis... C'est aussi l'encadrement ici, professeurs, médecins, assistants sociaux, cuisinières et autres professionnels, tellement dévoués, tellement enthousiastes. Mais PSE c'est surtout les enfants et ce qu'ils arrivent à faire de l'aide qu'on leur donne. Leur réussite, la joie qu'ils font régner, leur affection et leurs si beaux sourires. On ne peut pas séparer l'histoire de PSE de celle de chacun d'entre eux. »

Désormais, l'histoire du Cambodge est aussi liée à celle de PSE car ce sont ces enfants qui contribueront à en faire un pays plus magnifique encore.

Durant des jours on peut y admirer les 287 monuments répertoriés par les archéologues d'Angkor, et voir à Phnom Penh un admirable musée ainsi que le Palais Royal. On peut redécouvrir la ville oubliée de Kep, jadis Côte d'Azur de l'Indochine française. Explorer les îles quasi désertes du golfe de Thaïlande et les montagnes de la chaîne des Cardamones. Photographier (?!) les derniers tigres et éléphants sauvages dans la région de Kampot. Flâner sur les marchés de Battambang et Kampong Cham. Dîner au soleil couchant sur une plage de Sihanoukville, épargnée par le tsunami de décembre 2004.

Tout guide touristique vous y conduira, et cela vaut vraiment la peine de le suivre.

« Le Cambodge est un pays magnifique. Et, poursuit Christian des Pallières lors de sa tournée, les Cambodgiens sont des gens merveilleux parmi lesquels nous sommes heureux de vivre. »

Ils s'appellent Laekhena et Pich, son mari. Kela et Sinoun, avec qui elle a lancé l'atelier pour les mamans. Vantha, l'hôtesse. Chenda, au sourire mythique. Sokha, la petite « reine des bandits ». Le futur Dr Sopheara et l'actuel Dr Sarath. Mme Pok dans sa crèche et M. Meas Chan à la paillote. Rithy, Barang, Cheat et tant d'autres… Une goutte d'eau, certes, dans l'océan des 15 millions de Cambodgiens. Une toute petite rizière près de l'immense Mékong. Mais ses jeunes pousses, repiquées avec soin, irriguées de tant d'amour, devraient produire une récolte abondante. Et à leur tour, ensemencer de vastes étendues.

Papy et Mamie, les grands-parents les plus célèbres du Cambodge, pourront alors raconter à de nouvelles générations une belle histoire, qui n'est pas un conte inventé : « Il était une fois deux petites filles qui emmenèrent un étranger dans un endroit terrible, appelé la décharge de Stung Mean Chey… »

MERCI À...

...tous ceux qui m'ont aidée pour la réalisation de ce livre : le Père Renaud de La Soujeole, qui m'a fait connaître PSE et fut le premier à m'encourager. Merci aux amis qui ont téléphoné pour manifester leur soutien et surtout à ceux qui ont bien voulu ne pas téléphoner. Merci à Simone, Renée, Françoise, Marie-Thérèse et Marie-Claire pour l'accompagnement sans faille qu'elles m'ont assuré. Ainsi que Claire. Merci à Martine et Odile, qui m'ont efficacement remplacée sur un autre chantier.

Merci à mon mari et à mes proches qui ont accepté mes absences physiques et psychologiques durant plus de trois mois. Merci, bien sûr, à la grande famille de PSE, adultes et enfants, tant au Cambodge qu'en France, pour son accueil et sa participation. Merci à l'équipe de *Nouvelle Cité* qui a tout de suite adopté ce projet. Un merci particulier à Christian et Marie-France pour leur confiance et leur aide.

POSTFACE

Nous avons fait la connaissance de France de Lagarde au camping du Bois de Boulogne. Quand nous ne sommes pas sur les routes, c'est là que nous installons notre PC et notre camping-car pendant nos tournées en Europe.

France nous a tout de suite conquis par son enthousiasme, sa jeunesse de cœur, sa franchise, sa simplicité aussi : « J'ai été grand reporter. Votre histoire est formidable. Je vous prête ma plume. Bien sûr, au seul bénéfice des enfants. »

Décidément, cette aventure nous faisait rencontrer des gens extraordinaires…

Quelques secondes pour nous demander s'il y avait vraiment quelque chose à raconter. Tout était allé si vite ! Et puis, tout d'un coup, nous nous sommes dit que nous avions le devoir de témoigner de la détresse des enfants du Cambodge.

Tout le monde avait été très ému par ce qui s'était passé au Cambodge il y a trente ans. Et puis, on avait oublié. Comme si, après un grave accident survenu à un ami, on était venu le voir seulement les premiers jours de son hospitalisation alors que, devant rester à l'hôpital de longs mois, il aurait eu tellement besoin, encore, de soutien.

En fait, ce sont les médias qui nous font « zapper » d'un malheur à l'autre, sans que le problème du premier ait fini d'être résolu. On se lasse, comme si la maladie de notre ami était décidément trop longue.

Quelle joie de voir la mobilisation qui a suivi le raz-de-marée du 26 décembre 2004, de constater que, pour la première fois, la communauté internationale prenait conscience de son appartenance à une même famille humaine, celle des peuples du monde !

Mais cela nous faisait ressentir avec d'autant plus de souffrance la non prise en compte du drame cambodgien dans lequel les grands pays ont pourtant leur part de responsabilité, de la douleur de ce petit pays qui avait été pris en tenaille dans la guerre des deux blocs et les rivalités régionales.

Oui, la communauté internationale n'avait pas pris la mesure de la destruction du Cambodge. Deux millions de morts, 70 % des instituteurs tués, les infrastructures détruites, toute une couche de la population supprimée, les valeurs anéanties, les familles éclatées, les esprits cassés…

Le Cambodge, une vieille histoire ? Pas si vieille que cela. D'abord, les derniers Khmers rouges se sont rendus il y a seulement cinq à six ans. Et puis, comment imaginer qu'on puisse relever si vite un malade qui a perdu à la fois sa moelle épinière et son âme ? Sa moelle épinière : tous ceux qui savaient quelque chose et qui auraient pu, aujourd'hui, relever le pays. Et son âme : ce n'est pas nous qui le disons, c'est un Vénérable important de Phnom Penh, un des responsables du bouddhisme cambodgien.

Oui, des milliards ont bien été dépensés à l'intention du Cambodge. D'abord par le passage de l'énorme mission de l'ONU lorsque la souveraineté du pays a été à nouveau reconnue mais qu'il fallait l'organiser. Milliards dont une grande partie est retournée dans les pays donateurs par les salaires des experts et des militaires, par les véhicules 4x4 achetés obligatoirement dans les pays des donateurs... Combien d'argent est resté au Cambodge ? Il serait intéressant de l'analyser précisément.

On parle de centaines d'ONG présentes au Cambodge. C'est vrai. Par contre, sait-on que leurs budgets cumulés feraient sourire un grand club de football ?

Mais qui s'intéresse vraiment au Cambodge ? Ici, rien de stratégique, pas de ressources pétrolières vitales pour nos pays.

Le salaire d'un grand footballeur ou d'une vedette de cinéma suffirait pour redresser l'enseignement primaire du Cambodge, qui est un petit pays. Mais on n'y a pas consacré ce montant. Et une génération est en train d'être sacrifiée car, faute de professeurs correctement formés et convenablement payés, faute de salles de classes en nombre suffisant, trop d'enfants (35 %) n'ont pas encore accès à l'école et les autres n'ont accès qu'à une école tellement pauvre qu'elle ne pourra pas les sortir de la misère. 50 % de la population qui a moins de 16 ans, c'est une grande chance pour la renaissance de ce pays mais il faudrait un petit plan Marshall pour redresser son Éducation et redonner à ses enfants les valeurs détruites.

Sur le terrain, avec notre association PSE, nous essayons d'aider un peu les écoles voisines sans moyens mais nous enrageons de ne pouvoir aller plus vite et pour davantage d'enfants. De ne rester, en fait, qu'un modèle. Trop petit.

Rêvons que des financeurs institutionnels puissent étendre, au plus vite, ce que nous avons essayé de faire!.. Mais, en attendant, ayons l'ambition de continuer à étendre rapidement nos programmes.

Christian et Marie-France des PALLIÈRES

ANNEXES

CHARTE DE L'ASSOCIATION « POUR UN SOURIRE D'ENFANT »

Association loi 1901
Prix des Droits de l'Homme 2000

Cette charte a pour objectif de définir la philosophie et l'éthique de notre action, et d'assurer leur pérennité.

L'objectif de notre association est de défendre les droits élémentaires des enfants dans le monde.

Considérant qu'autour de cet objectif, peuvent se retrouver tous les hommes, notre association se veut a-confessionnelle et apolitique.

1 – Philosophie de l'association

« L'humanité doit donner à l'enfant ce qu'elle a de meilleur » (Déclaration de Genève – SDN 1924).

Si les droits de l'enfant ont été approuvés le 20 novembre 1989 à l'unanimité par l'Assemblée Générale de l'ONU, il faut malheureusement constater que, dans bien des cas, ces droits sont menacés voire bafoués.

L'enfant qui a faim doit être nourri.
L'enfant malade doit être soigné.
L'enfant maltraité doit être protégé.
L'enfant exploité doit être secouru.
L'enfant abandonné doit être recueilli.
Tout enfant doit connaître un jour la tendresse d'un regard d'amour posé sur lui.

« Pour un Sourire d'Enfant » (PSE) s'est donné pour mission d'intervenir auprès des enfants les plus en détresse par une double action directe et institutionnelle.

L'action directe se traduit entre autres par :
- la distribution de nourriture,
- la mise en place de lieux de soins,
- la création de centres de protection,
- l'aide à la scolarisation,
- la formation professionnelle,
- le soutien aux familles.

L'action institutionnelle peut s'exercer par :
- l'information,

– la défense des droits de l'enfant dans toute instance nationale et internationale,

– la collaboration sur des sujets précis (construction d'écoles, de dispensaires, etc.),

– l'élaboration de programmes d'enseignement,

– le soutien d'organisations non gouvernementales qui œuvrent dans le même esprit au service des enfants en détresse.

2 – Éthique de l'association

Vis-à-vis des pays d'intervention

Dans le plein respect de la souveraineté des pays où elle intervient, l'Association cherche à s'intégrer dans les plans d'action des pays où elle œuvre et à développer ses projets en étroite collaboration avec les Administrations locales, tout en conservant une indépendance totale d'action et de contrôle.

Elle s'efforce d'intégrer, autant que possible, les partenaires locaux.

Elle a le souci d'agir avec modestie, dans le respect de la mentalité locale et sans aucun esprit conquérant qui présupposerait une supériorité de notre manière de vivre et de penser. Elle souhaite accompagner et contrôler, non décider et faire elle-même.

Vis-à-vis des enfants

Toutes les actions de l'Association ont pour but de permettre l'intégration et l'épanouissement de chaque enfant dans son milieu géographique naturel, en respectant la vie sociale et la culture de son pays et de l'accompagner ainsi vers la maîtrise de son destin.

L'ambiance existant à l'intérieur de l'association se répercutera toujours, d'une manière ou d'une autre, sur le terrain et, par conséquent, sur les enfants pris en charge. Il est donc indispensable que les enfants, souvent victimes de violences et de conflits, trouvent, dans l'association, un modèle de paix, d'amitié, d'harmonie et de stabilité.

Victimes d'adultes qui ne savent pas gérer leurs conflits, les enfants doivent trouver dans l'association des personnes qui sont capables de régler les leurs.

Tout en voulant apporter aux plus pauvres une école de qualité, nous ne recherchons pas l'élitisme pour un petit nombre.

Vis-à-vis des bénévoles

Dans leur bénévolat, les personnes n'aiment pas retrouver les contraintes, les conflits et les compétitions qu'ils connaissent dans les entreprises. Ils veulent y trouver un lieu d'amitié et d'initiatives.

C'est cette ambiance d'amitié, qui fait la force actuelle de l'Association et qui permet à chacun de donner le meilleur de lui-même. C'est donc à la préservation de cette ambiance que chacun devra prioritairement travailler car, si elle venait à disparaître, l'Association perdrait ses bénévoles.

La structure de l'Association doit donc être extrêmement souple et adaptée. Il n'y a pas de chef mais des animateurs et des fédérateurs, capables de laisser à chacun sa plage de liberté d'action.

En cas de discussion ou de conflit, chacun doit s'efforcer de donner priorité à l'unité et à l'intérêt général de l'Association, sur le fait d'imposer ses propres idées.

Vis-à-vis des donateurs

Les comptes doivent être absolument transparents et tenus, à tout moment, à la disposition des donateurs qui demanderaient à les voir.

La gestion est assurée avec un respect profond de l'argent confié et avec le souci d'une utilisation optimale en faveur des enfants.

Tout en témoignant de la réalité des faits, la communication de l'Association s'interdit tout misérabilisme par la présentation de documents inutilement choquants et toute culpabilisation de ses interlocuteurs.

Les moyens financiers proviennent essentiellement de dons privés (parrainages, aides d'associations ou d'entreprises) complétés par des financements publics permettant de nouveaux investissements. Le respect de la volonté des donateurs s'exerce par un respect des engagements pris et par une gestion rigoureuse des dépenses.

L'Association devra toujours garder la maîtrise et le contrôle des financements.

Les fondateurs

Renseignements pratiques

Contact au Cambodge
Christian & Marie-France des Pallières
Tél./fax : 00 855 23 424 057
Tél. : 00 855 23 300 630
E-mail : pse@site-pse.org
B.P. 2107 Phnom Penh 3, Cambodge

Contact en France
Siège social : 1 rue Boutarel, 75004 Paris
Secrétariat : 49 rue Lamartine, 78000 Versailles
Tél. : 01 39 67 17 25
E-mail : psefrance@wanadoo.fr
Contact en France : 01 30 21 71 88
Site : www.pse.asso.fr

BULLETIN DE SOUTIEN

☐ Mr ☐ Mme ☐ Mlle

Nom :................................

Prénom :................................

(en majuscules, SVP)

Adresse :..

Code postal :.......................

Ville :...............................

Pays.....................

Téléphone :........................

E-mail................................

☐ **OUI, j'accepte d'assumer un parrainage de 30€/mois**

☐ **OUI, j'accepte d'assumer un parrainage d'un montant autre :.......................€/ mois.**

Si votre engagement concerne un 2e, 3e... parrainage, merci de nous le signaler.

Les prélèvements seront effectués le 5 du mois. Je recevrai un reçu fiscal global en janvier (déduction de 60 % dans la limite de 20 % du montant imposable).

☐ **Je ne parraine pas pour le moment, mais je verse un don de...................€.**

Merci de libeller votre chèque à l'ordre de « Pour un Sourire d'Enfant »

Je recevrai un reçu fiscal (déduction de 60 % dans la limite de 20 % du montant imposable).

Autorisation de prélèvement automatique

(à remplir pour les parrainages uniquement)

N° national d'émetteur : 469395

J'autorise l'établissement teneur de mon compte à prélever sur ce dernier, si la situation le permet, tous les prélèvements ordonnés par le créancier désigné ci-dessous. En cas de litige sur un prélèvement, je pourrai en faire suspendre l'exécution par simple demande à l'établissement teneur de mon compte. Je réglerai le différend directement avec le créancier.

Nom et adresse postale du créancier :

POUR UN SOURIRE D'ENFANT
49 rue Lamartine, 78000 Versailles

Nom, prénom et adresse du donateur :

....
....
....

Nom et adresse de l'établissement teneur du compte à débiter (indispensable) :

....
....
....

Compte à débiter :

Code établissement :..................
Code guichet :.................
N° du compte :..............................
Clé RIB :.......................

En application de l'art. 34 de la loi du 6.1.1978, vous bénéficiez d'un droit d'accès et de rectification aux informations qui vous concernent, droit que vous pouvez exercer en vous adressant au secrétariat :
49 rue Lamartine, 78000 Versailles. Tél. 01 39 67 17 25.
E-mail : psefrance@wanadoo.fr

Date : ....

Signature :

La présente demande est valable jusqu'à annulation de ma part, à notifier en temps voulu à l'Association PSE.

Les informations recueillies sont nécessaires pour la gestion de vos dons et/ou parrainages. Elles font l'objet d'un traitement informatique et sont destinées au Secrétariat et aux responsables d'associations régionales affiliées. Ces informations vous concernant, à l'exclusion du montant de vos engagements financiers, pourront être communiquées au sein de l'association, à moins de désaccord formel de votre part, exprimé ci-après en cochant cette case ☐

Important : Joindre un relevé d'identité bancaire ou postale

Formulaire à retourner à :

POUR UN SOURIRE d'ENFANT
49 rue Lamartine, 78000 Versailles

TABLE DES MATIÈRES

Préface 5

Propos d'avant 9

I Témoins à décharge 13
II Les enfants les ont pris par la main 21
III L'autre moitié de l'enfer 35
IV Les débuts d'une incroyable aventure 45
V Une croissance « bananier » 63
VI Un vendredi comme les autres 71
VII Sacrés gosses 83
VIII Un métier pour chacun 105
IX « Ce sont nos enfants » 119
X Une famille pour les familles 133
XI Demain, PSE 147
XII « Le Cambodge est un pays magnifique... » ... 159

Merci à.. 169
Postface 171

Annexes 175
Charte de l'association « Pour un Sourire d'Enfant »... 177
Bulletin de soutien.................................... 183

DANS LA MÊME COLLECTION

Dès leur naissance, les éditions Nouvelle Cité se sont caractérisées par la place accordée aux témoignages. C'est pourquoi elles peuvent vous présenter dans leur collection « Récit » plus de cinquante témoignages qui montrent, chacun à sa manière, comment la vie l'emporte toujours sur la mort.

En voici la liste complète, par ordre alphabétique de titres :

Anna au pays des merveilles, l'ecstasy meurtrière, Bronwyn DONAGHY

Artisan de paix, Antoine BUISSON

Cambodge : Pour un Sourire d'Enfant, France de LAGARDE (l'aventure de Christian et Marie-France des Pallières, de leurs collaborateurs et de leurs 4000 enfants)

Canard dans la couvée (Le), Michelle VANDENHEEDE (épuisé)

Cassie : du satanisme au choix de Dieu, Misty Bernall
Célibataires pour Dieu, Alain Dupraz
Charles de Foucauld, explorateur du Maroc, ermite au Sahara, René Bazin
Cité des cloches (La), Frère Sylvain
Colère de vivre, Renée M. Buhl
Compagnon de l'Abbé Pierre, Henri Le Boursicaud
Convertis et baptisés, France de Lagarde
Couples : le temps des premières crises, Dominique Fily
Crépuscule du matin, Michel Pochet
Dans le secret des ermites d'aujourd'hui, François de Muizon
Décision (La), Philippe Warnier
Des travailleuses familiales racontent, Roland Weissenstein
Devenir prière, Marcel Driot
Dieu existe Dieu merci, Michel Pochet
Du côté de l'école, Jean-Michel Di Falco
Élever nos enfants, René Mouysset
Enfant à cœur ouvert (L'), Bernadette Siré
Enfants de la paix (Les), Guido Staes
Espoir et pardon dans le couloir de la mort, Joy Elder
Évangile, ça marche (L'), Les « fioretti » de Chiara Lubich et des Focolari, recueillis par Doriana Zamboni
Gloire de Peter Pan (La), Habib Wardan
Histoire et légende du fondateur de Sylvanès, Pierre Camparidès
Histoires d'amour, Pierre Bertrand
Il a fait de nous un peuple, Michel Dubost et Jean-Michel Merlin
Il y a toujours un bateau blanc, Jeannine Dessager
Initiative de l'amour (L'), Gilbert Gannes

Laveur de vitres et archevêque (biographie du cardinal Vlk, archevêque de Prague), Alain BOUDRE
Liberté enchaînée (La), Hélène DANUBIA
Ma dernière cavale avec Jésus Christ, André LEVET
Madeleine Delbrêl rues des villes chemins de Dieu (1904-1964), Christine de BOISMARMIN (nouvelle édition)
Marino, curé de Camargue, René LECHON
Meb, le peintre joyeux, Marie-Louise EBERSCHWEILER
Même le couchant peut être beau, Gilberte NIQUET
Mes amis les pauvres, Charles LEPETIT
Nous convertis d'Union Soviétique, Tatiana GORITCHEVA
Par le monde au service des petits, Raymond et Pierre JACCARD
Pélerin de la Trinité, à la rencontre des exclus, Frère ÉRIC
Père Monier (Le), Jacques PAUL-DUBREUIL
Quatre enfants et un rêve, Christian et Marie-France des PALLIÈRES et Caroline, Bertrand, Isabelle, Éric (nouvelle édition)
Qui est mon père?, Maria MARTIN
Requiem pour Nagasaki, biographie de Takashi Nagai, le « Gandhi japonais », Paul GLYNN
Serment de l'unité paysanne (Le), Eugène FORGET
Son ombre nous éclaire, Anne-Marie DEBARBIEUX
Sourire des cloches de Nagasaki (Le), Makoto NAGAI
Sur le chemin de Compostelle, Guy DUTEY
Sur le roc, Lucienne VANNIER
Témoins de l'invisible, Jacques LEBRETON
Un brin de causette, Marion CAHOUR
Un carme héroïque : le père Jacques, Jacques CHEGARAY
Un jour pour aimer, Guido STAES
Un message d'espoir, Tatiana GORITCHEVA

Un prêtre en paroisse, Jean Laborrier
Un sourire de paradis, les 18 ans de vie de Chiara Luce, Michel Zanzucchi
Vingt-huit mois au pays du chômage, Annie Ratouis
Vie merveilleuse de Benoîte Rencurel (La), François de Muizon
Visiteur de prison, René Mouysset
Y croire quand même, Gilberte Niquet

Cet ouvrage a été reproduit et achevé d'imprimer par l'Imprimerie Floch à Mayenne en mars 2005 pour le compte des Éditions Nouvelle Cité, 37 avenue de la Marne, 92120 Montrouge.

ISBN 2-85313-477-6. N° d'impr. 62575. D. L. mars 2005.
(Imprimé en France)